青春文庫

闇に消えた歴史の真相

暗黒の日本史

歴史の謎研究会[編]

青春出版社

はじめに

多くの人が信じていることがいつも正しいとは限らない。とりわけ歴史の場合、史料が少なく真相になかなかたどりつけないこともあるし、何らかの「意図」によって、時に書き換えられ、脚色され、闇に葬られてしまうことも少なくないからだ。

本書では、そうした歴史の闇から闇へ消えた事件の真相や、正史からこぼれ落ちた舞台裏のドラマなど、日本史の暗黒面に焦点をあて、事件の「核心」に迫っていく。幕府の歴史書『吾妻鏡』はなぜ将軍・源頼朝の死を〝隠した〟のか。幻の名城・安土城の消えた「蛇石」のミステリー。宮本武蔵の存在をめぐって囁かれている噂の真偽。赤穂浪士討ち入りの背後に見え隠れする意外な人物の正体……。

教科書には載っていない日本史の「迷宮」をめぐる旅に出発しよう。

二〇一五年十二月

歴史の謎研究会

第1章　歴史の闇に消えた人物の暗号……11

第3章 葬り去られた歴史的事件の内幕 ……… 123

第4章　時代を塗り替えた男たちの光と影……205

カバーイラスト■小泉孝司
本文写真提供■毎日新聞社
本文イラスト提供■Shutterstock
donatas1205/shutterstock.com
Mandryna/shutterstock.com
DTP■フジマックオフィス
協力■新井イッセー事務所

第1章◉歴史の闇に消えた人物の暗号

聖徳太子のいまだ解けざる3つの謎

■なぜ天皇に即位しなかったのか

聖徳太子《しょうとくたいし》は用明《ようめい》天皇と穴穂部間人皇女《あなほべのはしひとのひめみこ》の間に生まれた皇子である。その名を「厩戸皇子《うまやどのみこ》」という。推古《すいこ》天皇が即位するとまもなく皇太子となり、20歳という若さで摂政《せっしょう》の地位に任ぜられている。皇太子といえば次の皇位にもっとも近い位である。

だが、それにもかかわらず聖徳太子が天皇になることは生涯なかった。これはいったいどういうことなのか。

聖徳太子がもっとも天皇の位に近づいたのは崇峻《すしゅん》天皇5（592）年。崇峻天皇が崩御《ほうぎょ》した時のことである。この時代、皇位継承争いはかなり熾烈なもので、血みどろの抗争が繰り広げられていた。崇峻天皇も暗殺されて亡くなっている。

崇峻天皇は聖徳太子の父である用明天皇が崩御したあと、大臣《おおおみ》だった蘇我馬子《そがのうまこ》に推されて即位した。物部氏《もののべ》が推していた穴穂部皇子を蘇我氏が殺害し、蘇我氏に近い崇峻天皇を即位させたのである。

しかし、政治の実権を握る馬子に対して崇峻天皇は次第に不満を覚えるようになっていく。やがて関係は不穏になり、この事態に危機を感じた馬子が臣下を使って崇峻天皇を暗殺してしまったのだ。

ここでまた皇位継承問題が浮上する。当時、敏達《びだつ》天皇、用明天皇、崇峻天皇と3代にわたって兄弟相続が行われていたが、男の兄弟はすでにいない。時に聖徳太子は19歳であり、その能力の高さも周囲に十分認められていた。皇位継承にはもっともふさわしい立場にいたといえるだろう。

ところが、次に即位したのは推古天皇だった。日本史上初の女帝の誕生である。推古天皇は太子の父である用明天皇の妹で、敏達天皇の皇后でもあった。聖徳太子にとっては叔母にあたる。

彼女もまた蘇我氏の血筋をひいているが、それは聖徳太子も同様である。それならば、なぜあえて聖徳太子ではなく女帝が即位する必要があったのか。

この即位に関してはかねてから専門家も頭を悩ませているが、その真相は現在まで謎のままとなっている。

一説では、推古天皇はまだ年端《としは》もいかない息子・竹田皇子《たけだのみこ》を即位させようと時間稼ぎに自分が即位した、あるいは意に反して竹田皇子が早世してしまい、さらに不穏な事件が続いたことから自ら即位することで動揺を和らげたかった、などといわれている。とはいえ、どちらも推測の域を出ず、はっきりしたことはわからない。

いずれにしろ、聖徳太子は皇位にもっとも近い皇太子にはなるものの即位することはなかった。というのは、35年にわたって君臨し75歳という長寿で亡くなった推古天皇に対して、聖徳太子は49歳という若さでこの世を去ってしまったからだ。

そして、この死にも多くの不可解な謎がつきまとっている。

■病死か、自殺か、暗殺か

聖徳太子は推古天皇30（622）年に死去した。前年には生母である穴穂部間人皇女が亡くなっており、聖徳太子の死の前日には妃である膳大郎女《かしわでのおおいらつめ》も亡くなっている。なぜ、こうも相次いで3人は亡くなったのか。

聖徳太子の死は様々な謎に包まれている

特に、聖徳太子と膳大郎女は1日違いでこの世を去っている。いくら夫婦とはいえ、これはあまりにも不自然すぎる。

そこで、聖徳太子の死因をめぐってはさまざまな説が浮上している。まず「伝染病説」。これは聖徳太子が何らかの伝染病にかかり、看病していた妻も感染。そのため相次いで亡くなったとする説である。

聖徳太子と膳大郎女、穴穂部間人皇女の3人は同じ墓に葬られている。ところが、膳大郎女は聖徳太子の4人いた妻のなかでもっとも身分が低い。なぜ、身分の高いほかの妻ではなく膳大郎女なのか。ほかの妻たちと一緒に葬れない理由があったからではないのか。

当時、伝染病は異常死と考えられていたため、この3人がほかの人たちと分けられて葬られた可能性は大いにある。

また、夫婦が相次いで亡くなったことから「心中説」も囁かれている。聖徳太子は徐々に国政から退けられ、晩年は失意の日々を送っていたとされる。世の中に絶望した聖徳太子が妃をともなって、覚悟の服毒自殺をしたのではないかという見方だ。

最後に、もっとも議論を呼ぶのが「暗殺説」である。これに関しては、暗殺の黒幕は蘇我氏ではないか、唐《とう》や新羅《しらぎ》から暗殺者が送り込まれたのではないかなど、さまざまな憶測を呼んでいる。

真相は闇のなかだが、皇極天皇2（643）年に聖徳太子の息子・山背大兄王《やましろのおおえのおう》ら聖徳太子一族が蘇我入鹿《いるか》によって追い詰められ、一族もろとも心中させられていることを考え合わせると、暗殺説はにわかに現実味を帯びてくる。

山背大兄王は人望も篤く、皇位にも近い人物だった。親子2代にわたって皇位継承争いに巻き込まれ、皇位に就くことなく非業の死を遂げた可能性もあるわけだ。

いずれにしても聖徳太子一族は闇に葬られ、一族を追い込んだ入鹿もまたやがて中大兄皇子《なかのおおえのおうじ》と中臣鎌足《なかとみのかまたり》によって殺されてしまう。このことから、この中大兄皇子と中臣鎌足が聖徳太子一族の滅亡に関与していたのではないかという説もあり、その死の謎は深まるばかりなのである。

■闇に包まれた実像

このように多くの謎に包まれた聖徳太子だが、その生きた証といえる部分にまで疑問を投げかける研究者も少なくない。

まずは、誰しも聖徳太子の功績だと思っている憲法十七条。じつは、これは聖徳太子が制定したものではないという指摘が江戸時代からある。近代に入ってからは歴史学者の津田左右吉《そうきち》氏が憲法十七条は『日本書紀』の編纂者の手によるもので聖徳太子の作ではないと論じている。

『日本書紀』の記述のなかに「皇太子、親《みづか》ら肇《はじ》めて憲法十七条を作りたまふ」とあることから、皇太子＝聖徳太子がこの憲法の制定者だと長く考えられてきたのだが、その内容には聖徳太子の時代に存在しなかった字句が含まれているのだ。

たとえば、「国司《くにのみこともち》・国造《くにのみやつこ》」という記載があるが、憲法十七条が制定された時点で「国司」という官職は存在しない。推古朝では官僚機構が発達していなかったのに、官人に道徳や規律を説いていることもおかしいと指摘される。

また、聖徳太子が制定したとされる冠位十二階の制についても『日本書紀』には冠位十二階についての記載があるだけで、聖徳太子が制定したものであるとは書かれていない。

隋《ずい》の史書『隋書』には倭国《わこく》で冠位十二階の制が行われているという記述があるが、この記述は600年に書かれたものだ。冠位十二階は603年に制定されたものであり、ここに時間のズレが生じている。

さらに、聖徳太子の著とされてきた『三経義疏《さんぎょうぎしょ》』も別の人物の手によるものではないかとする説がある。

『三経義疏』は勝鬘経《しょうまんきょう》、法華経《ほけきょう》、維摩経《ゆいまきょう》の注釈書の総称で本格的な仏典研究とされるのだが、『日本書紀』には聖徳太子が勝鬘経と法華経を講読したことについては述べられているものの『三経義疏』を著したとは書かれてはいない。

聖徳太子がいくら賢者とはいえ仏教の注釈をここまで高度にできるのか疑問視する声もあり、また、『勝鬘経義疏』は中国の敦煌《とんこう》で発見された本と似ているという指摘もある。

こうしたなかで聖徳太子は実在しなかったのではないかと説く研究者も出てきている。中部大学名誉教授の大山誠一氏は厩戸皇子という人物はいたが、それは現在崇拝されているような聖徳太子ではないと論じている。

現在の聖徳太子像は、中国の皇帝に匹敵するような人物を祀りあげるために『日本書紀』のなかでつくられたのではないかというのだ。いずれにしても一族が根絶やしにされてしまったため、真相を解明することはできないのである。

修験道の開祖・役小角とは何者だったのか

■伝説に彩られた生涯

平安時代末期に成立した修験道はほかの宗教とは異なり、特定の教祖がいてその教祖の教えに基づくという提唱宗教ではなかった。日本古来の山岳信仰と外来の仏教や道教、また神道などが結びついて生まれたのだ。

山中深くに分け入って心身の限界まで修行するという、いわば実践の宗教で、その教えは一時禁止されるものの現代まで脈々と受け継がれている。その修験道の開祖といわれるのが役《えんの》小角《おづの》（役《えんの》行者《ぎょうじゃ》）だ。

役小角は実在の人物とされるが、出生からその死に至るまで終始、神秘的な伝説に彩られている。なかでもよく知られているのが、呪術を使い、鬼を従え、空を飛んだという話だろう。

小角に関する記述は『役行者本記《えんのぎょうじゃほんき》』『役行者顚末秘蔵記《てんまつひぞうき》』といった伝記をはじめ、『続日本紀《しょくにほんぎ》』『日本霊異記《にほんりょういき》』『扶桑略記《ふそうりゃっき》』『今昔物語集《こんじゃくものがたりしゅう》』など多々ある。各文献によって多少の違いがみられるものの、出生については大筋、次のとおりだ。

飛鳥時代の舒明《じょめい》天皇6（634）年正月元日、大和の国・葛城《かつらぎ》の茅原《ちはら》で誕生。母親は、金色の独鈷杵《とっこしょ》（密教で用いられる法具）が雲に乗って降りてきて、口の中に入る夢を見て妊娠したと伝えられる。小角は胎内にいる時から異香や神光《しんこう》を放ち、誕生する夕方には雅楽《ががく》が天に響きわたり龍神が舞い降りてきたという。

生まれた小角は手に一枝の花を握り、洗っていないのにすでに身を清めたような顔でこう言った。

「一切の衆生《しゅじょう》を救いたい」

これを聞いた母親は恐怖心を抱き、あろうことか小角を野に捨ててしまう。

ところが衰弱する気配も禽獣《きんじゅう》に襲われることもなく、雨露さえも彼に触れなかった。そして、商人に見つけられてしばらく育てられたあとに再び母親の手によって育てられることになる――。

当然のことながら実話であるはずもなく、じつは舒明天皇の子どもだったとする説や母親が野合《やごう》して懐妊したという説、また葛城地方を根拠地とする大豪族・賀茂《かも》氏の子どもだという説などがあげられている。

小角という名の由来についても諸説ある。そのうちのひとつが、誕生した時、額に角が1本生えていたというもの。ほかにも、小角が生まれた家はもともと雅楽の家であって、大角《はら》・小角《くだ》という笛の名からとったとする説、6歳の時「自分は麒麟《きりん》の一角をかたどっているから小角と名づけるべきだ」と語ったとする説も伝えられている。

■役小角が操った〝鬼〟の正体

幼年時代の小角は、虫を踏むことはなく、魚や鳥などの肉、また仏教で禁じられている食べ物は一切口にせず、3歳で梵字《ぼんじ》を書き、7歳の時には不動《ふどう》（孔雀《くじゃく》）明《みょう》王《おう》の呪文を毎日10万遍唱えていたとされる。

在家の修行だけでは飽きたらず、32歳で深山幽谷《しんざんれいこく》の葛城山に入って修行を開始。そして、松の葉のみを食べ山神を祈り昼夜修行した結果、通力《つうりき》を得て空を飛ぶことができるようになったという。

以後、南は九州から北は東北に至るまで足を伸ばし、富士山をはじめ日光山、榛名《はるな》山、出羽《でわ》三山など高山があれば訪れて開山したとされている。

当時、これだけの広範囲をたったひとりで移動できるとは、やはり神がかり的なことであったろう。そのため、小角の弟子たちが全国に散らばってあたかも小角ひとりで開山したように見せかけたという説もある。

また、小角は山上ケ嶽《さんじょうがたけ》を訪れた際にふたりの鬼に出会ったといわれている。ふたりは夫婦で、もともと里に住んでいたが子どもが次々と病死、悲しみのあまり子どもの死骸を食いつくして狂人となり、鬼畜《きちく》となってしまった。

しかし小角によって悔い改め、男性は前鬼《ぜんき》、女性は後鬼《ごき》と呼ばれ、小角の前後につき従うようになる。小角はこのふたりをはじめ、ほかの神鬼や天狗《てんぐ》を使役《しえき》して水を汲ませたり薪を取らせていたとされる。

この鬼の正体については、山で生活をする山の民という説が有力である。山の民は、小角をはじめ入山して修行する者たちに対して給仕していたのではないかと考えられている。

山の民がどういう人たちだったかは不明だが、『日本書紀』に葛城山には土蜘蛛《つちぐも》と呼ばれる異形の集団が生活していたとの記述が見られる。彼らが鬼に見立てられたと考えられなくもない。

ところで、幼い頃から唱えていたという不動明王の呪文だが、たしかに小角がいた頃にはすでに呪文は伝来していたという。ところが、それを修得できる状況にはなかったのではないかという説があるのだ。

なぜなら、呪文が広く普及するようになったのは小角が誕生してから２００年近く経った平安初期と考えられているからだ。では、小角が唱えていたのはいったい何だったのか――。

■「流罪」に至るまでの経緯

小角に関する記述はあちらこちらの文献に見られるが、じつは『続日本紀』の次の箇所が事実と思われる唯一の記述である。

「文武《もんむ》天皇３（６９９）年、役君《えんのきみ》小角を伊豆島に配流した。小角は最初、葛木山（現・葛城山）に住み、呪術を使うので有名だった。韓国連広足《からくにのむらじひろたり》が小角を師としていたが、のちにその『能』が人々を害し惑わすと讒言《ざんげん》したため配流《はいる》の罪に処せられた。世間のうわさでは、思うままに鬼神を使役し命令に従わないと呪術で縛って動けないようにしたといわれる」

なぜ、弟子の広足は小角を陥れるようなことをしたのだろうか。

じつは、広足の弟子入りの動機は、多くの財宝を得ることにあったという。それを見抜いていた小角は300日経っても呪術を教えず、自分の立身だけを願っている者には伝授せぬと言い放ったことに腹を立てたからという説がある。

また、広足は小角の能力を妬み、陥れようとしたのではないかとも推測されている。この讒言のおかげか広足はその後、典薬頭《てんやくのかみ》に抜擢されている。典薬頭とは、呪文を唱えることで邪気や病気を治療する呪禁師《じゅごんし》を管轄する役所の長官である。

■朝廷との確執

一方で、次のような説も浮上している。

山といえば鉱物資源が豊富なことが多いが、小角は全国の山を回っては資源を確保していた。一方、朝廷にとって山の鉱物資源は軍事や産業のためのきわめて重要な資源だった。その資源をめぐって小角と朝廷の間で確執が生まれ、朝廷は小角を排除しようとしたのではないかというのだ。小角の能力を妬んでいた広足は朝廷にうまく利用され、裏切り者に仕立て上げられたといえなくもないだろう。

ところで、ほかの文献に記された数々の伝説は先の史実と思われる唯一の記述をもとに書かれたものだった。つまり憶測が憶測を呼び、徐々に小角は神格化されていったと考えられるのだ。

では、流罪になってからの小角はどうしたのか。ある伝承によれば、小角は罪を解かれ母親とともに唐あるいは天竺《てんじく》に渡ったとされている。ほかにも、罪が解かれたあと天皇に拝し冠をいただいてどこかへ去っていった、68歳の時に母親とともに姿を消したと記す文献もある。

終生、謎に包まれた役小角。歴史の表舞台で語られることのなかった彼の存在は伝承のなかで永久に語り継がれることだろう。

稀代の陰陽師・安倍晴明の知られざる裏の顔

■不可思議な力を持つ男

長い日本の歴史のなかには、存在そのものが謎に満ちあふれ伝説と化しているような人物も少なくない。これまで、小説や映画の題材にも多く取り上げられてきた安倍晴明《あべのせいめい》もまた、そうした人物のひとりだ。

安倍晴明は平安時代中期に実在した人物である。京の都において呪術祈祷などにあたる「陰陽師《おんみょうじ》」としてその名を馳せた。

陰陽道とは中国の陰陽五行説に基づく思想と技術の体系のことを指す。天文《てんもん》道や暦《れき》道などを駆使して吉凶や禍福《かふく》を判断する占いの一種でもあり、６世紀に百済《くだら》より日本に伝来した。

平安時代になると、貴族たちは家の方角や日よりなど生活のすべてを占いで決定するようになり、晴明のような陰陽師は重宝がられた。しかし晴明自身の生涯は謎に満ちており、史実としてわかっていることはあまりに少ない。

当時は朝廷の中務省《なかつかさしょう》の部署のひとつに「陰陽寮」があり、そこに属する陰陽師は現代でいうところの公務員だった。同時期の著名な陰陽師には藤原並藤《ふじわらのなみふじ》や弓削是雄《ゆげのこれお》、さらに世襲制の陰陽一家だった賀茂忠行《かものただゆき》らがいる。

晴明はもともと賀茂忠行・保憲《やすのり》父子の弟子であった。世間に名が知られるようになったのは40歳を過ぎてからと遅咲きだが、その人並みはずれた能力により出世後の活躍は目ざましく、貴族や天皇からも絶大な信頼を寄せられていた。

そして、そのなかで起こしたとされる数々の〝不思議〟が後世に伝えられ、晴明の神秘性をいっそう高めているのである。

■出生にまつわるミステリー

晴明は7世紀の壬申《じんしん》の乱で天武《てんむ》天皇側について戦った安倍氏の後裔《こうえい》・益材《ますき》の子として生まれた。一般に生誕地は、現在安倍晴明神社があり生誕の碑も建つ大阪市の阿倍野《あべの》といわれているが、一方で香川とする説、茨城とする説もあり真相は定かで

安倍晴明神社の晴明とキツネの像

はない。

さらに晴明の出生に関しては奇想天外な逸話もある。それは、晴明がじつは狐の子であるという話だ。

ある老狐が葛葉姫《くずのはひめ》という女に化け茨城にいた。そこで安倍保名という男と出逢い男児が生まれる。だが、やがて母は狐であることを子に知られ、別れを余儀なくされた。母は「恋しくば　訪ねきてみよ　信田《しのだ》の森」と書き残して子のもとを去ってしまう。

のちに男児は京に出て安倍晴明と名乗り、残した和歌のとおり信田の森（大阪市）を訪ね母と再会する。そこで初めて母が大明神の化身であることを知ったというのである。

このエピソードは浄瑠璃《じょうるり》の題材にも使われている。もちろん晴明の超人的な能力を評して後世に脚色されたフィクションであろうが、晴明の生誕地を茨城とする説はこの伝承に由来するものだろう。実際、茨城県の猫島という場所には晴明神社と晴明稲荷があり、生誕地としての根拠ともなっている。

出生についてはこのように謎が多いものの、晴明が賀茂忠行《かものただゆき》・保憲《やすのり》父子の弟子であったことはどうやら間違いなく、その頃の伝説としては次の話が有名だ。

ある夜、忠行はまだ幼い晴明をともなって出かけていたが、うっかり牛車《ぎっしゃ》の中で寝込んでしまった。すると晴明が牛車の前方から鬼がこちらへやってくるのを感じとり、忠行を起こした。驚いて目をやるとたしかに恐ろしい鬼たちが近づいてくる。すぐに忠行は術をかけて無事通過するが、この時、晴明の並々ならぬ才覚を知った忠行は、以後晴明に陰陽道のすべてを伝授したという。

まさに晴明の才能が開花した瞬間のエピソードだが、のちの晴明の活躍はこうした天賦《てんぷ》の才能だけでなく、厳しい修行に耐え抜く精神力にも支えられていたともいわれており、ただ超人的な力に頼っていただけではなかったという人間的な側面も伝えている。

■自由自在に「式神」を操る

やがて陰陽師の大家となった晴明には、じつに多くのミステリアスなエピソードがつきまとう。なかでも欠かせないのは「式神《しきがみ》」と呼ばれる鬼神を自由自在に操ったとされる話だろう。式神という存在も、これまた現代では説明がつかない不可思議なものだが、陰陽道においては祓いや呪詛《じゅそ》の際に用いる「精霊」という見方ができる。

ある時晴明は、晴明の評判を聞きつけた若い公家と僧侶に「式神を使って庭にいるカエルを殺してみてください」と試された。

晴明は無益な行為だと思いながらも、その好奇の目を黙らせるがごとく、おもむろに草の葉をつみとり呪文を唱えた。そして、それを投げると葉はカエルの背に乗った。とたんにカエルはぺしゃんこに潰れ、公家らは震え上がったという。

またある時は、晴明の屋敷に1歳くらいの子どもをふたり連れた老法師が訪ねてきた。聞けば弟子入りしたいとのことであったが、晴明は一瞬にして相手も相当な力を持つ陰陽師であり、自分を試そうとしていることを悟った。さらにふたりの子どもが彼の式神であることを見破った晴明は、こっそり呪文を唱え3人を追い返した。

すると、しばらくして老法師がひとりで舞い戻ってきて、子どもを返してくれと泣きついてきた。

晴明が「なぜ私が隠すのか」ととぼけると、相手は術比べをして晴明を試そうとしていたことを白状し、自分の式神が晴明の呪文でいなくなったことを告げた。そして他人の式神をも操れる晴明の実力に感服したという。

これらは『今昔物語』に伝わるエピソードだが、このように式神は時に人間であったり、あるいは葉や紙きれだったりと、変幻自在な姿で呪術の一端を担うものだったと解釈できる。

一説によれば晴明は京の一条戻橋《いちじょうもどりばし》の下に12の式神を隠し、必要に応じてそれを呼び寄せて用いていた。また式神を家の中にもしばしば招き入れていたのか、晴明宅では誰もいないのに戸や門が閉まるなど不思議な現象が多かったともいわれている。

正体は目に見えないが占いや呪術に魂をもって深く関わるという式神。その式神の一番の使い手であったことが、晴明が陰陽師としての地位を高める大きな要因であったとされる。

■〝魔の都〟の救世主

晴明の生涯で特徴的なのは、権力者とのつながりが深かったことだ。そのひとりに時の花山天皇《かざん》がいる。

花山天皇は熊野に天狗が出たと言っては封じ込めをさせたり、役所の庇《ひさし》に不吉な蛇が現われたと言っては占いをさせたりするなど何かと晴明を頼っていたらしい。ある時は自身がひどい頭痛に悩み、特に雨の日になると激痛になるほどだったので、晴明を呼び出して原因を聞いた。すると晴明は「天皇の前世は大峰山で亡くなった尊い行人《ぎょうにん》でした。そのドクロが岩の間に挟まっており、雨がしみこむと岩がふくらみ、生まれ変わりである天皇に災いを及ぼしているのです」と言った。

さっそく使者が教えられた場所へ行ってみると、晴明の言うとおりドクロがあった。そして、それを丁寧に供養すると、頭痛がぴたりと治まったというのである。

また、太政大臣・藤原道長《みちなが》と密接な関係にあったこともよく知られている。法《ほう》成寺《じょうじ》を建立した頃、道長は真っ白な愛犬をともなって日々参拝に出かけていた。ある日、なぜか犬が衣服の裾をくわえて寺に入らせまいとするので、不審に思った道長は晴明を呼び占わせた。

晴明によれば寺には道長を呪う術がかけられており、それを仕掛けたのは蘆屋道《あしやどう》満《まん》だという。この道満という人物はやはり陰陽師で、晴明のライバルともいわれた人物である。

そこで晴明は、鳥の形に結んだ紙に呪文を唱え空へ投げ上げた。すると紙はたちまち白鷺になり呪詛の依頼主をつきとめた。それは左大臣・藤原顕光《あきみつ》だった。これにより、顕光は京を追放処分になったという。

平安時代の京都はまさに魔界の都であった。追い剥ぎや強盗、さまざまな悪霊や疫神《えきしん》、魔物が見え隠れする不思議の都であり、貴族たちはそれらを取り払おうと必死であった。

そんななかで、唯一魔物に対抗できるのが陰陽師であり、安倍晴明はその最たる人物だったのだ。晴明が権力者との関わりが強かったのはそういう理由からであり、また「公務員」という立場上、民間人が晴明のような陰陽師に仕事を依頼するのは不可能だという事情もあった。

前世を占い、式神を自在に操る。こんな超人はこの世に実在しない架空の人物だと言いたいところだが、安倍晴明という男が平安の世に存在していたのは事実なのである。

幕府の歴史書『吾妻鏡』はなぜ将軍・源頼朝の死を〝隠した〟のか

■『吾妻鏡』に記されていない将軍の死

源《みなもとの》頼朝《よりとも》は平家一門を打倒し、鎌倉に幕府を開いた源氏の棟梁《とうりょう》である。しかし、鎌倉幕府の初代将軍となった華々しさとは打って変わって、その最期はあまりにもあっけなかった。

年の瀬も押し迫った建久《けんきゅう》9（1198）年の12月27日。この日、源頼朝は御家人の稲毛重成《いなげしげなり》が亡き妻のために架けた橋の開通式に出席するため相模川に出かけている。だが、その開通式の帰り、稲村ケ崎近くで乗っていた馬から落ち、そのけがが原因で翌年1月13日に亡くなっているのだ。享年53、じつにあっけない死であった。

これが一般的に語られる頼朝の最期である。しかし、その死には不審な点が多い。なぜ頼朝ほどの乗馬の達人が落馬したのか、落馬の原因は何だったのか、そもそも本当に落馬だったのか。

天下の将軍という立場にありながら、頼朝の死についてはどこか不可解な謎がつきまとっているのである。

しかも、この重大事件である初代将軍の死について『吾妻鏡《あづまかがみ》』は詳しく触れてはいないのだ。

■3年間の空白のミステリー

鎌倉時代をたどるうえで基礎史料となるのが幕府によって編纂された『吾妻鏡』だ。

ここには、治承《じしょう》4（1180）年に平安末期の武将である源頼政《よりまさ》が挙兵したことから、87年間にわたる出来事が日記体で記されているのだが、なぜか頼朝が死ぬ前の3年間が空白になっている。ほかの年は欠落なく書いてあるにもかかわらずである。

そして再開された『吾妻鏡』の記述によると、建久元（1199）年2月6日には長男頼家が突然頼朝の後継者として棟梁の地位を引き継ぐべきことを朝廷から言い渡された、とある。

また3月2日には「故将軍（頼朝）四十九日御仏事なり」とあり、この記述からはじめて頼朝は亡くなったという事実がわかるのだ。

そして、死因について『吾妻鏡』に登場するのは頼朝の死後13年も経ってからだ。それも相模原の橋の修復を行うという話が出た折に、「故将軍（頼朝）はこの橋の供養に出かけた帰路に落馬して死に至った」とつけ足されているだけなのだ。さらに、「前例が不吉であり橋の修築はやめておこう」とも記されている。

これらの記述から『吾妻鏡』は頼朝の死因について、詳細を記すことを意図的に避けているのではないかと考えられても不思議はない。

■公式文書の改ざんと暗殺説

頼朝の死にまつわる3年間の記録が欠落した『吾妻鏡』。この空白の3年分については削除されたというより、はじめから書かれていないというのが大方の研究者の見方である。

そして、この『吾妻鏡』の不自然さを説明する時に浮上するのが北条氏による頼朝暗殺説なのだ。幕府によって編纂された記録であるのなら、時の最高権力者である北条氏の正当性を裏付ける内容になっていてもおかしくはない。幕府にとって不都合な出来事は書き残さないというわけだ。

その証拠に頼朝の死後、まるで自らのシナリオを実行に移すかのように北条氏の執権政治確立への動きが活発になっているのである。

たとえば、第2代征夷大将軍に就任した頼朝の長男頼家《よりいえ》を引退に追い込み、修善寺に幽閉して殺害している。そして13歳で頼家の跡を継いだ次男の実朝《さねとも》を「飾り物の将軍」として置き、北条氏は鎌倉幕府の実権を掌握して事実上のトップに就いているのだ。

さらにその実朝亡き後の将軍候補選びにも、北条氏の意向が強く働いている。実朝の代から「執権」という幕府の最高職で政務を総轄していた北条氏は、4代目の将軍候補として頼朝の姪の孫である頼経《よりつね》を迎えた。しかし頼経は当時数え年で2歳という幼さだった。

7年後に9歳で正式な将軍になるが、当然実権は北条氏が握ったままである。そして頼経が成長とともに政治権力への欲求を高めると、北条氏は頼経を宮騒動に与《くみ》したとして京都へ追放してしまう。

その後も皇族から11歳の宗尊親王《むねたかしんのう》を将軍として迎えるものの、25歳で京都に強制送還し、次の皇族将軍も3歳で就任させて24歳で解任するなど、幼い頃に将軍として担ぎ出しては将軍に野心が生まれると解任することを繰り返していたのである。

このような行動をみると、実権を握りたい北条氏による頼朝暗殺説が語られるのも当然だろう。

■土御門通親の黒幕説

もうひとつの可能性として挙げられるのが、朝廷の反幕派であった土御門通親《つちみかどみちちか》による陰謀説だ。

当時、頼朝は自分の娘の大姫を後鳥羽天皇の御宮に入内させようと画策していた。娘が天皇の子を産めば、外戚として朝廷にも大きな影響力を持つことができると考えたからである。

そんな時、頼朝が落馬事故を起こして床に臥せったのである。これをチャンスと見た通親は、京都から幕府に派遣されていた公家に毒を盛るよう指示したのではないかといわれている。

『明月記《めいげつき》』によれば、頼朝の訃報《ふほう》を聞いても通親は驚きもしなかったという。これも通親黒幕説の裏付けのひとつと考えられている。

しかも、若くして病死したとされる頼朝の長女と次女の周辺にも通親の影がちらついている。表面上は平穏な関係を築いていた通親は、長女の病気治癒のために祈祷師を送り、次女には医師を派遣して薬を与えていたという。

これらの因果関係ははっきりしないものの、頼朝の娘たちの死の直前に通親の関係者が関わりを持っていたことはたしかなようである。

■平家の怨霊の仕業だったのか

また、頼朝の死で避けて通れないのが怨霊《おんりょう》説だ。相模川に架けた橋の開通式の帰路、式典を終えた人々の前に義経《よしつね》をはじめ頼朝によって命を落とした人々が現れ、頼朝はその怨霊によって死に至ったというのである。

さらに稲村ケ崎では安徳《あんとく》天皇が亡霊となって現れ、その亡霊に取りつかれて頼朝は病に伏したという伝説もある。

安徳天皇といえば源平合戦の末、平清盛《きよもり》の妻時子《ときこ》に抱かれて8歳という幼さで壇《だん》ノ浦《うら》の海底に沈んだ清盛の孫である。また頼朝が亡霊を見たという現在の藤沢市辻堂付近の海岸は、囚われた平家の人々が斬られるために通った道筋にあたるという。たしかに、この場所なら亡霊を見た頼朝が仰天して落馬し、その後病んで死亡したとはいかにもありえそうだ。

当時は他人の死を踏み台にして天下をとる世の中。また、何か災いが起きると「不慮の死を遂げた人々の怨念ではないか」とまともに議論された時代である。度重なる合戦で大量の犠牲者を出しながら生き延びた頼朝の死についても、例外なくさまざまな憶測が飛び交った。

病に伏した頼朝は死の直前、成すべき仕事を前に思わぬ事態となってしまった無念を京都の九条兼実《くじょうかねざね》にしたためている。

「今年、必ズシズカニノボリテ、世ノ事沙汰セント思ヒタリ。万ノ事存ジノ外ニ候」（今年は、必ず静かに京都を訪ね、世のことを処理しようと思っていたが、すべてのことが予想外となってしまいました）

こうして多くの真実が伏せられたまま頼朝はこの世から去っていったのである。

弾圧、粛清を繰り返した恐怖の将軍「足利義教」の真実

■くじ引きで決まった室町幕府第6代将軍

仮に今の日本で、首相をくじ引きで選ぶなどという話になったとすれば国民はあきれ返るに違いない。しかし、室町幕府にはまさにくじで選ばれた将軍が存在した。それが6代目の足利義教《あしかがよしのり》である。

義教は第3代将軍・義満《よしみつ》を父に持ち、同母兄には第4代将軍・義持《よしもち》がいる。14歳で出家し、僧侶時代は「義円《ぎえん》」と名乗っていた。

義満の4男として生まれたため本来は将軍職には無縁のはずだったが、義持の子で第5代将軍の義量《よしかず》が若くして急逝すると、思いがけず義円にも後継者問題が降りかかってきた。義量には跡を継ぐべき実子がいなかったからである。

先代の義持もまた、後継者の指名をしないままやがて病死した。そこで候補に挙

がったのが義円を含む義満の子どもたちである。重臣たちは悩んだ末に、次期将軍をくじで決定することにしたのだ。

石清水八幡宮《いわしみずはちまんぐう》で決行されたくじ引きで管領《かんれい》の畠山満家《はたけやまみついえ》の手によって選出されたのは義円だった。

義円は還俗《げんぞく》して最初は「義宣《よしのぶ》」と名を改めたが、「世を忍ぶ」につながるとされて反対されたことから義教を名乗った。これにより室町幕府第6代将軍・足利義教が誕生したのである。

僧侶からの転身だけにさぞかし慈悲深い将軍になったのかと思えば、現実はその逆だった。義教は冷酷かつ残忍なやり方で世を治める「恐怖将軍」としてその名をとどろかせるようになるのである。

■食事が不味いと首をはねられた料理人

義教が将軍になったのは応永《おうえい》35（1428）年だが、この前後は京都を中心に流《は》行《や》り病が蔓延しており、社会不安を感じた農民が徳政を求めて蜂起した「正長《しょうちょう》の土一揆《つちいっき》」が勃発した。その動きはやがて近畿一帯へと拡大し、民衆の幕府に対する信頼は日を追うごとに低下していった。そして、義教はこうした民衆の反発や社会不安を力で押さえつけようとしたのである。

義教が執拗にこだわったのは将軍家の復権である。

将軍直轄軍の再編成に着手し、自ら裁判に直接関与するなど、その舵取りは明らかに専制政治へと傾いていった。

そのうえ、有力守護への弾圧も顕著だった。幕府と対立関係にあった鎌倉で独立勢力を築いていた公方《くぼう》の足利持氏《もちうじ》を攻めて自殺に追い込んだ永享《えいきょう》11（1439）年の「永享の乱」などはその代表的な例だろう。

一方で、強訴《ごうそ》を繰り返す比叡山延暦寺《ひえいざんえんりやくじ》とも対立した。山徒らが足利持氏と通じているとして執拗に攻撃し、それに反発して根本中堂《こんぽんちゅうどう》に立て籠もった多くの僧侶たちを焼身自殺に追い込んでいる。

また、義教の身勝手な言動で処罰された例も後を絶たなかった。

たとえば、儀式の最中に笑みを浮かべた少納言に対しては「将軍を笑った」として所領を没収して蟄居《ちっきょ》させたり、闘鶏とそれに群がった人々が自身の通行を妨げたことに怒って京都中のニワトリを追い出したりもした。

また、義教の側室である重子《しげこ》が長男を産んだ時、重子の実家には多くの人々が出生祝いに訪れた。だが、あろうことか義教はその訪問者全員を処罰しているのである。

というのも実家には義教の怒りに触れ謹慎中だった重子の兄である義資《よしすけ》がいて、その家を訪問することは将軍の権威への軽視だとみなしたからだ。この時の犠牲者は6人にものぼり、ほどなくして義資も殺された。

他にも、庭木の枝を折ったばかりに死に追い込まれた庭師や食事が不味いと首をはねられた料理人、態度が悪いと撲殺された侍女など、非道な行いによって命を絶たれた人の話は枚挙にいとまがない。

当時の公卿《くぎょう》の日記である『薩戒記《さつかいき》』には、義教によって処罰された人物として公家59人、神官3人、僧侶11人、女房7人の合計80人が記されているが、実際の被害者はこれをはるかに超える数字だったと考えられるのだ。

義教がこれほどまでの恐怖政治を行ったのには、猜疑心の強い生来の性格に加え、陰で「くじ将軍」などと揶揄《やゆ》されてプライドを傷つけられたことも少なからず影響したものと考えられる。いずれにせよ、義教は誰もが恐れる暴君として君臨したのである。

■暗殺でもたらされた恐怖政治の終焉

理不尽ともいえる処罰や粛清《しゅくせい》を続けた義教の在位は12年あまり。その終焉は、本人にしてみれば予想外の出来事だっただろう。義教をこの世から葬り去ったのは、有馬の有力守護である赤松満祐《あかまつみつすけ》だった。

もともと満祐と義教の関係は、邸宅を行き来するなどかなり良好だった。だが、義教が各国の有力守護を厳しく締めつけ、ついには家督相続にまで干渉して、自分に従順な人物に跡を継がせるべくあちこちに口を出すようになったことで関係に変化が生じるようになる。そして、赤松家にも干渉し出したことで徐々に折り合いが悪くなっていた。

そんなある時、ついに満祐の所領が没収されるのではないかという噂が立った。折しも義教は、永享の乱のあとに自殺した持氏の遺児らが関東の豪族らを味方につけて反乱を起こした「結城合戦《ゆうきかっせん》」にも勝利し、向かうところ敵なしという時期でもあった。

そこへ、満祐の弟である義雅《よしまさ》の所領が義教に没収されたのである。いよいよ次は自分の番だと恐れをなした満祐は、先手を打って義教の暗殺を企てるのだ。

赤松家は「かわいい鴨が生まれたのでお目にかけたい」「関東討伐の戦勝祝いをしたい」と声をかけ義教を自宅に招いた。

そして能を舞って義教を油断させると、背後から赤松家の手の者が義教の首を斬り落としたのである。

嘉吉《かきつ》元（1441）年、この将軍暗殺に端を発した「嘉吉の乱」は満祐が幕府軍に討たれる形で収束した。それと同時に人々を苦しめた恐怖政治も終わりを告げ、以降、足利将軍家の権威も次第に失墜していったのだ。

当時の記録書『看聞日記《かんもんにっき》』で、この時代は「万人恐怖」という言葉で表されている。多くの人を震え上がらせた稀代の暴君の最期は、自らが圧政によって苦しめた守護の手によって無残な形で幕を閉じたのである。

ヴェールに覆われた宣教師フランシスコ・ザビエルの実像

■本国に送られた奇妙な書簡

フランシスコ・ザビエルは、はじめてキリスト教を日本人に伝えたポルトガル人宣教師として知られている。

天文《てんぶん》18（1549）年の夏に来日し、わずか2年ほどの滞在で日本を離れてしまうが、それでもその後、西日本各地でキリスト教信者が急速に増えたことを考えると、ザビエルが当時の日本人に与えた影響は少なくなかった。

来日の目的はいうまでもなくキリスト教の布教である。ところが、ザビエルは日本で布教とは到底結びつかない不可解な行動をとっているのだ。

来日したザビエルがポルトガル国王あてに送った書簡がそのことを雄弁に物語っている。そこには次のような意味のことが書かれていた。

「日本の鉱山は多くの金を産出するため、貿易を行う時はそれを通貨にすればポルトガルは莫大な利益を得られるだろう」。また、「大坂にポルトガルの商品を収容できる倉庫を造るべきだ。そこには専門のポルトガル人の官吏《かんり》を置きたい。そのための用地ならすぐに確保できるだろう」

ここには、ザビエル来日をめぐる謎の一端が隠されている。それを探るためには、まずザビエルが所属していたイエズス会について知る必要がある。

日本では耶蘇会《やそかい》とも呼ばれたイエズス会は、1534年に組織されたカトリックの団体だ。その設立の第一の目的はヨーロッパの反教会的な啓蒙思想や、聖職者の腐敗などに対抗することであり、第二の目的がキリスト教を広く海外に布教することだった。

イエズス会の創設者のイグナチオ・デ・ロヨラは元軍人だった。このためイエズス会の規律は厳しく、また目的を達成するためには手段を選ばないことで当時は知られていた。ヨーロッパではイエズス会のことを別名「イエスの軍隊」とも呼んでおり、その力は国王も一目置くほどだった。

当時のヨーロッパはアジア諸国に植民地を求める大航海時代に入っており、国王はその尖兵としてイエズス会に注目していたのである。

国王はイエズス会の宣教師たちを布教の目的で未開とされる国々に行かせ、布教活動を通じて植民地化できる国かどうかを探らせていた。

布教を通じてその国の人々と接すれば、直接国民の心のなかに入り込むことができるため人々の本音が聞ける。これを利用すれば植民地に適した国かどうかがわかるというわけだ。

■宣教師たちの本当の狙い

ポルトガル人宣教師が日本を侵略する機会を狙っていたことを裏付ける、もうひとつ重要な証拠がある。それは現在でもイエズス会の文書館で極秘扱いになっており、外部には一切出されてはいないといういわくつきの文書だ。

その文書とは、ポルトガル人宣教師自身が書いたとされるメモである。天正《てんしょう》15（1587）年に豊臣秀吉《とよとみひでよし》がバテレン追放令を出し、宣教師を国内から追放した時に残されていたものだといわれている。

驚くべきことに、このメモにはポルトガルの日本占領計画が記されていた。内容はキリシタン弾圧に反対するキリシタン大名たちに反乱を起こさせ、豊臣政権を転覆させようとするものだった。

メモはキリシタン大名が豊臣政権に反乱を起こした際、それをバックアップするためにポルトガルから軍艦を派遣する計画だった。

ポルトガルの日本侵略のシナリオはこうである。

まず、宣教師がキリシタン大名を焚《た》き付けて豊臣政権に対して反乱を起こさせる。そして豊臣政権がそれを鎮圧しようとしたら、ポルトガルは日本のキリシタン大名を支援するという大義名分で軍隊を日本に送り込む。

そして、大量の兵器と兵力を投入して一挙に豊臣政権を倒し、新しい政権を樹立。いうまでもなく、その政権の座にはポルトガルの息のかかったキリシタン大名が就く――。

もちろん、秀吉のバテレン追放令はザビエルの死後35年経ってから発令されたものであり、直接ザビエルとは関係はないが、それでも来日したポルトガル人宣教師の目的がキリスト教の布教だけではなかったことをこのメモはたしかに裏付けているのである。

■度重なる軍事顧問来日の意味とは

話を再びザビエルに戻そう。冒頭でザビエルが本国に送った不可解な書簡を紹介したが、それ以外にもザビエルをめぐる謎は多い。そのひとつが西洋から来た軍事顧問である。

軍事顧問とは、戦闘方法についてのアドバイスをする軍人のことだ。ザビエルが来日する6年ほど前に種子島に鉄砲が伝えられており、日本人は近代化された西洋の軍事力の強大さを知っている。このため、戦国時代の只中にあった西日本の大名たちは西洋からの軍事顧問を競って招こうとしていた。

しかし、そうはいっても胡椒《こしょう》や絹織物など物品を交易するのとは異なり軍事顧問を招くにはそれなりのルートが必要だ。少なくとも軍事に関することは、どこの国でもトップシークレットの扱いである。いくら大金を積まれてもそう簡単には軍事顧問の派遣などしなかったに違いない。

ところが、ザビエルの来日後、なぜかたびたび軍事顧問が日本を訪れているのである。当時の記録として残されているものに「島津家が南蛮《なんばん》人の軍事顧問を雇い入れた」というのがある。島津といえば、薩摩《さつま》、大隅《おおすみ》、日向《ひゅうが》など南九州一帯を治める守護大名だ。戦国時代の九州では巨大な勢力のひとつでもある。

島津では南蛮貿易も盛んに行っているため、西洋の近代的な火器を手に入れるだけでなく、軍事顧問を招く力があっても不思議はないだろう。ただ、ここで注目したいのはその仲介に日本人が関与した形跡があることだ。

■島津家とザビエルを結びつけた男

この日本人とはザビエルの通訳として一緒に来た弥次郎《やじろう》のことである。史料によれば弥次郎は九州生まれの武士で、ささいなことから殺傷事件を起こし、それから逃れるためにポルトガルの貿易船に乗って日本を離れている。

ザビエルと弥次郎はこの貿易船が立ち寄った先で出会い、彼の話からザビエルは日本に強い興味を持ったとされる。

おそらく、これらの経緯を考えると弥次郎が仲介した軍事顧問とはポルトガル人だろう。ザビエルを通じて本国から招いたのか、あるいはイエズス会のメンバーが軍事顧問となったのか、そのいずれかのはずだ。

事実、ヨーロッパでイエズス会は布教のために軍事顧問を派遣したという記録も残されており、またイエスの軍隊と呼ばれるイエズス会の成り立ちから考えてもこれは十分に考えられる。

すると、その背景に見えてくるのは、ザビエルと島津家との関係だ。ザビエルは南九州に大勢力を持つ島津家と、軍事顧問の派遣を通じ密接な関係を築こうとしていたのではないか。当然、そこには島津家の領国内で布教の許可を得るための配慮もあったのだろうが、しかしその一方で、ザビエルが影響力を持つ守護大名をつくりたいという思惑も見え隠れする。

ザビエルが日本に対してどのような計画を持っていたかはわからない。ただ、わずか2年の滞在で離日していること、日本を離れる際にポルトガル国王に送った書簡の内容が「好戦的で関係を結ぶには危険な国」と日本を分析していることから、何らかの計画を持って来日していたことは間違いないようだ。

日本を離れたザビエルはいったんゴアに戻るが、しばらくして中国の明《みん》に渡ろうとする。ところが、彼は中国大陸へと向かうその旅の途中で病死してしまう。一説では明での利権が絡み暗殺されたのではないかともいわれている。果たして彼がアジアに何を夢見ていたのか、それはいまだにわかっていない。

豊臣氏滅亡の〝引き金〟となった筆頭女臈・孝蔵主の謎

■関ヶ原の戦いの行方を決定づけた女性

慶長《けいちょう》19（1614）年の夏と翌年の冬に起こった「大坂の陣」で豊臣家は滅亡し、徳川《とくがわ》幕府の政権基盤は絶対的なものになった。

群雄割拠の時代を勝ち抜き、ついに徳川が天下をとったのは徳川家康《いえやす》の力量も大きいが、ひとりの力だけでこれだけの事業を成し遂げられるものではない。

そこには多くの人物が絡み合っていたが、なかでも注目すべきは豊臣から徳川の時代へと歴史が大きく転換するのをいち早く認め、歴史を背後から画策したひとりの女性の存在である。この人物こそ、豊臣家滅亡の黒幕といってもいい。

その名前は、孝蔵主《こうぞうす》。豊臣家では「表の浅野長政《あさのながまさ》、裏の孝蔵主」と呼ばれるほどの力を発揮したが、その詳しい人物像についてはほとんど知られていない。ただ近江日野《おうみひの》の蒲生《がもう》家の家臣である川副勝重《かわぞえかつしげ》の娘として生まれ、後に出家したということだけ伝えられている。

豊臣秀吉の生前には、表舞台には出てこなくても政治の背後で大きな動きをした。たとえば、伊達政宗が秀吉への謀反を企んでいるのではないかと疑われた時は、秀吉に代わって政宗への詰問の書状を送っている。

また、謀反の疑いをかけられた豊臣秀次《ひでつぐ》を大坂城へ呼び寄せて、その真相を明らかにするように取り計らったのも孝蔵主だったといわれる。

つまり、秀吉から絶対の信頼を寄せられており、政治の実務的な面で大きな支えとなっていた人物だったといえる。

しかし、身分上では豊臣秀吉の大奥で奥女中筆頭を務めていた孝蔵主がその実力を発揮するのは、秀吉の死後のことである。

秀吉の遺命に従い後継者として大坂城に入った秀頼は、生母の淀殿《よどどの》とその腹心たちによって守られていた。淀殿は豊臣政権での五奉行のひとりだった石田三成《いしだみつなり》との結びつきを深めていくが、それを見て多くの大名たちは大坂城を離れていく。

そのことは、慶長5（1600）年に起こった「関ヶ原の戦い」にも大きく影響する。多くの大名たちが、石田三成に敵対した徳川家康についたのだ。

これは北政所《きたのまんどころ》（ねね）の意向だったともされるが、しかし大名たちにその状況を伝え、説得し、その動きを促したのは、じつは孝蔵主だったといわれる。

関ヶ原の戦いでは、秀吉の一族で小早川《こばやかわ》家に養子に入っていた小早川秀秋《ひであき》に寝返りを促したのも孝蔵主といわれる。この寝返りは戦況を大きく変えたのだから、彼女の行動は関ヶ原の勝敗を決め、その結果として徳川家の天下取りに大きく貢献したとさえいえる。

孝蔵主のこのような行動の背後には、もはや徳川の天下になることは間違いないという確信があったのだろう。

■孝蔵主は大坂城落城を導いたのか？

その後、征夷大将軍になった家康は、豊臣秀頼に孫娘の千姫《せんひめ》を嫁がせた。これは、いずれ豊臣家に天下を返すという見せかけだった。しかし実際には、わずか2年後に息子の秀忠《ひでただ》に政権を譲り、二条城での秀頼との会見を申し込んだのである。

豊臣家では、この会見を断るべきとの意見が多かった。しかし、孝蔵主はこの会見に応じるように動く。

そして、この会見で秀頼と会った家康は、いずれ秀頼が力をつければ徳川家の安泰が脅かされると感じとり、豊臣家を滅ぼすことを決意することになる。つまりは、結果的にそれが豊臣家滅亡へのきっかけとなったのである。

方広寺《ほうこうじ》の「鐘銘《しょうめい》事件」は、このような流れのなかで起こる。秀吉が建立した方広寺の鐘銘に刻まれた「国家安康」の文字が、「家康」を分断しているという理由で難癖をつけた家康は、これを契機に「大坂の陣」へと突き進むのだ。

この時、大坂城の内部が多くの意見の対立によって揺れ動いており、攻めるとしたら絶好の機会だということを家康に告げたのもやはり孝蔵主だった。

つまり孝蔵主は、豊臣家に天下をとるチャンスはないと判断し、家康の大坂城攻めに協力したのである。

もちろん、家康はそんな彼女を高く評価した。後に江戸城に招き、2代将軍秀忠のもとで江戸城の奥を束ねる地位を与えたのである。

宮本武蔵の存在をめぐって囁かれている噂の真偽

■武蔵は果たして実在したのか

「二天一流《にてんいちりゅう》」の開祖で、二刀流の使い手として知られている宮本武蔵《みやもとむさし》。徳川家康が豊臣秀頼を滅ぼした大坂の陣の時代、全国にその名をとどろかした伝説の剣豪である。

これまで宮本武蔵は、いくつもの小説や映画でその英雄ぶりが取り上げられてきたが、その実像となるとあまりよく知られていない。宮本武蔵を知ることができる確実な史料は本人が書いたとされる兵法の『五輪書《ごりんしょ》』の序文と、養子である宮本伊織《いおり》が建てた墓碑銘などあまりに少ないのである。

本当に宮本武蔵という剣豪は実在していたのか。じつは、かねてよりその存在自体に疑問が投げかけられている。

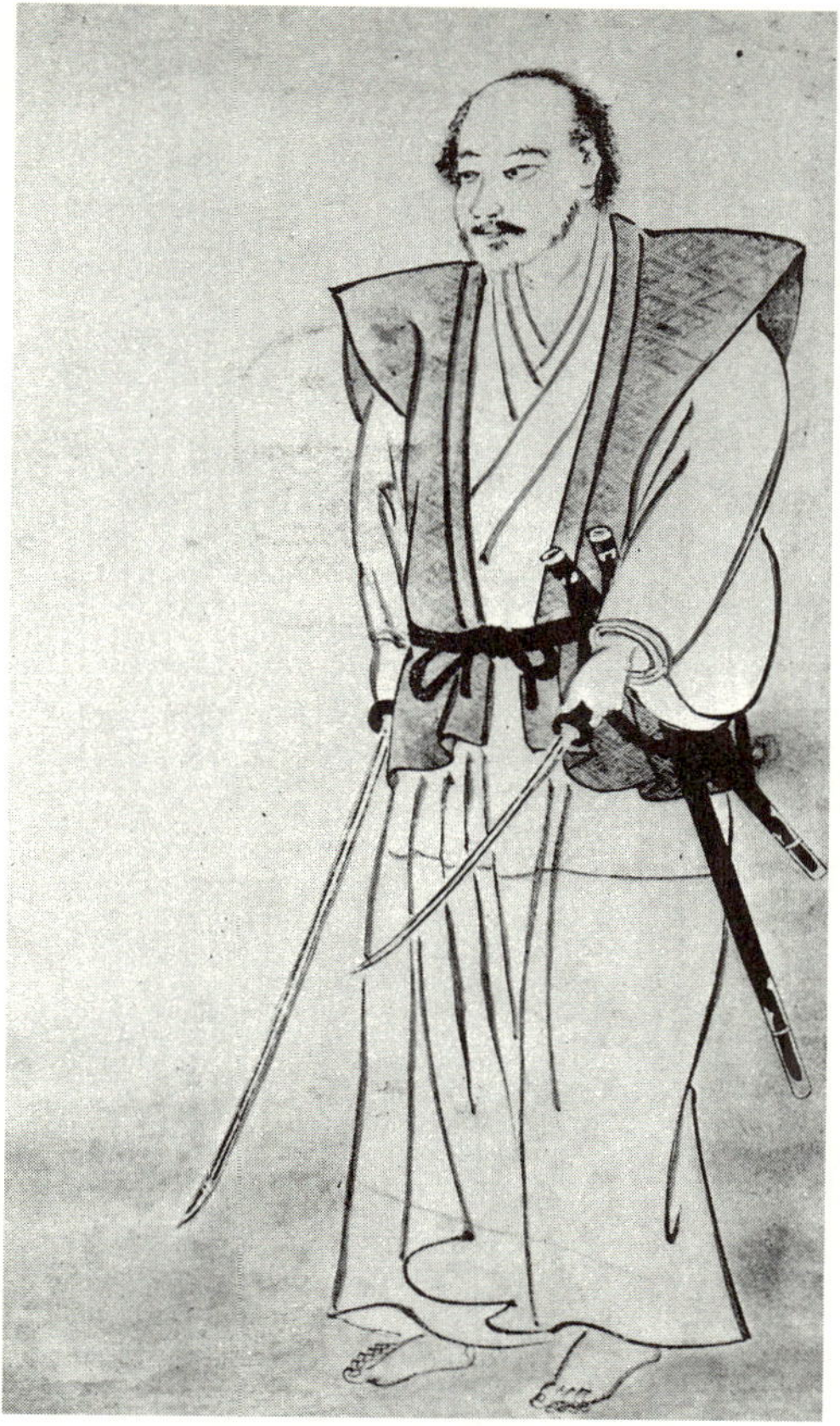

剣豪伝説は真実なのか、宮本武蔵の生涯はあまりに謎深い

武蔵は正保《しょうほう》2（1645）年、客分として招かれていた肥後熊本藩《ひごくまもと》の細川忠利《ほそかわただとし》のもとで死去している。死因はガンともいわれ、享年62だった。

武蔵の伝記としてまとめられた『二天記《にてんき》』によれば、この時本人の遺骸は遺言により甲冑《かっちゅう》を帯びた姿で弓削《ゆげ》村に葬られたことになっている。弓削村とは現在の熊本市龍田町弓削で、実際に「武蔵塚」と呼ばれる墓所には今でも武蔵の家紋の入った「新免武蔵居士石塔」と彫られた石碑が立てられている。

『二天記』の記述どおりなら、ここに武蔵の遺骸が埋められていなければならないはずだ。しかしそうではないのだ。

江戸時代から武蔵の墓については疑問の声があがっていた。葬儀を出した肥後熊本藩の藩士たちも長い間、武蔵が弓削村に葬られていることを疑っていた。

事実、埋葬されてから1世紀半を経た文化《ぶんか》2（1805）年、ある藩士が密かに墓所を掘り返している。すると、そこには遺骸どころか棺すら埋められていなかったというのだ。

一説によると、武蔵の遺骸を武蔵塚に埋葬しなかった理由は、武蔵に生前恨みを抱く者が墓所を荒らすことを恐れたためだとされる。

しかし、武蔵の葬儀は衆人環視《しゅうじんかんし》のなかで執り行われている。もし武蔵に恨みを持っている者の目を欺こうとするならば遺骸は別の場所に埋めるにせよ、少なくとも棺だけでも埋葬しなければおかしくはないか。

この説では、武蔵の遺骸は葬儀を執り行った秦勝寺《たいしょうじ》にそのまま留め置き、葬儀が終了してから人目につかないように寺の境内に埋めたことになっている。だが、その場所はいまだに不明だ。

■武蔵の墓をめぐる謎

また、ある研究者は武蔵の墓は彼に引導を渡した住職の墓のそばにあるのではないかとしているが、そこに武蔵の墓石が建っているわけもなく定かなことはわからない。

さらに、武蔵の墓所と称する墓がこのほかにもある。そのひとつが武蔵の愛弟子だった寺尾信行《てらおのぶゆき》の墓地がある霊樹庵《れいじゅあん》である。

霊樹庵は熊本市の西にある墓地で、そこには寺の建物はなく藩士の墓だけがまとめられている。この墓地の中央には巨大な石が置かれており、それが武蔵の墓に建てられた墓石だという。たしかに、この石には武蔵の戒名とされるものが彫り込まれており、巨石の下に武蔵の遺骸が葬られていても不思議はない。

このほかにも愛知、名古屋、千葉などの寺が武蔵の墓所として知られている。ただし、いずれの寺も武蔵の名を刻んだ石碑が建てられていることが確認できるだけで、本当に武蔵の遺骸が埋葬されているのかどうかはわからない。

こうしてみると、実際に武蔵という人物の存在そのものさえ疑問に思えてくるのである。

■剣豪伝説の裏側

いうまでもなく、歴史上の著名な人物で埋葬された場所が特定できない例はめずらしくはない。しかし、武蔵の場合はそれらとはまた意味合いが異なっている。

武蔵の存在を伝える古文書は自筆とされる『五輪書』しかなく、その内容から浮かび上がってくる武蔵は巷間伝えられている剣豪というイメージとは違っているのである。

ということは、もし武蔵という人物がいたとしても、それは現在知られているような二刀流の使い手とは別人ではないかということだ。

たとえば、『五輪書』によると武蔵の最初の対決は13歳の時に行われたことになっている。相手は新当流の使い手、有馬喜兵衛《ありまきへえ》だ。有馬の年齢は不明だが、武蔵は弱冠13歳。この時、武蔵は真剣で立ち向かうわけではなく、油断した有馬喜兵衛をむんずとつかみあげると思い切り投げ飛ばしている。

武蔵に詳しい歴史家によると武蔵の対決は60数回。このうち、真剣を交えた勝負はそれほど多くはないという。なかでも目につくのは木刀などを武器としたもので、なかには刃を交えることなく握りしめた木の棒で相手を殴り殺してしまった勝負さえある。

このような戦いぶりを知ると、それはおよそ二刀流の使い手という剣豪のイメージとほど遠く、ただの怪力の持ち主というイメージしか浮かんでこない。

それでも木刀で相手に立ち向かった話から、舟の櫂を削って作った木刀で佐々木《ささき》小次郎《こじろう》と戦った巌流島《がんりゅうじま》の対決シーンを思い浮かべるかもしれない。

ところが、この巌流島の対決についても史実なのかどうか不明なのである。というのは、佐々木小次郎の名は『五輪書』のどこにも登場しないからである。

小次郎は細川家に抱えられた剣の達人で、その名を全国に広く知られていた。それほどの使い手との戦いであれば、『五輪書』にその名が記されてあっても不思議はない。

佐々木小次郎が登場するのは前述の『二天記』である。じつは『二天記』は武蔵の死後80～130年も経ってからまとめられた武蔵の伝記なのだ。その剣豪ぶりについては英雄願望に基づいた多くの伝説が含まれているとされ、真偽のほどは怪しい。

つまり、小説や映画などで伝えられている巌流島の対決シーンは史実に基づくものではなく、武蔵の死後にその英雄ぶりを誇張するために書き加えられたものと考えられる。

たとえば、『二天記』では巌流島の対決が非公開で行われたことになっているが、別の文書によれば、「決闘当日は著名な剣豪同士の勝負を一目見ようと巌流島に渡る人が多かった」と書かれている。

また、対決は武蔵が小次郎に戦いを申し込んだことになっているが、これもまた巷でいわれているのとは正反対に、じつは対決は小次郎が武蔵に勝負を申し込んだのではないかという説もある。

なかには、巌流島の対決は武蔵と小次郎ではなく、その弟子同士が争った勝負だと伝える記録まで残されているのである。

■消えた足どりの謎

巌流島の対決がどこまで史実に基づいているのかはわからない。しかし、『二天記』などからもわかるように、この対決のあとになぜか武蔵は忽然と姿を消してしまう。一説では剣の使い手としてのピークを巌流島で迎えてしまったため、しばらくは山にこもっていたのではないかという。今風に言えば〝燃え尽きた〟ということになるのかもしれない。

その一方で、武蔵は武士として名をあげようと、慶長19（1614）年から元和《げんな》元（1615）年に起きた大坂の陣で大坂城にはせ参じたことも伝えられている。もしこれが事実であるとすれば、武蔵は徳川家康の敵方に加勢したことになり、徳川方から差し向けられた追手から逃れるためにしばらく身を隠していたとも考えられる。

いずれにせよ、その後、武蔵が古文書に登場するのは熊本藩細川忠利の客人となってからである。この時、武蔵は50歳を過ぎていた。

武蔵が本当に優れた剣術家であれば、もっと早い時期にいずれかの藩の客人となっていたはずである。ところが、武蔵は細川忠利の客人となるまで、どこの藩からも迎え入れられることがなかった。しかも、細川家に招かれてからも若い藩士に剣術を教えたという記録はない。

たしかに武蔵は、この時『兵法三十五箇条《へいほうさんじゅうごかじょう》』なる兵法書をまとめている。だが、残されている史料から浮かび上がるのは書画に心を傾ける老人の姿なのだ。

つまり、細川家は武蔵を剣術の指南役として迎えたのではなく、老境に入った武蔵を憐れみ、客人として迎え入れたとも考えられるのだ。

こうして、古文書から武蔵の経歴を読み解いていくと、兵法者であったことはうかがえるものの、我々が知っているような二刀流の使い手で、世に知れ渡った剣豪だったとは考えにくい。

武蔵とは果たしてどういう人物だったのか、その本当の姿は誰も知りえない歴史の闇のなかにある。

松尾芭蕉が『奥の細道』でたどった不可解な足どり

■芭蕉の本当の目的

月日は百代《はくたい》の過客にして、行きかふ年も又《また》旅人也《なり》

これはあまりにも有名な松尾芭蕉《まつおばしょう》の『奥の細道』の一節である。江戸中期に活躍した俳人、松尾芭蕉は日本文学に俳句を確立したことで知られており、また『奥の細道』はすぐれた紀行文学として時代を超えて読み継がれている。

しかし芭蕉の生涯には数々の謎がつきまとっている。なかでもミステリアスなのが『奥の細道』から見えてくる彼のもうひとつの姿だ。

それは芭蕉が徳川幕府の間者《かんじゃ》、いわゆるスパイだったのではないかという疑惑である。『奥の細道』を執筆するための旅は文学的な動機だけではなく、徳川幕府から密令を受けてある情報を収集するのが目的だったというのだ。

芭蕉の間者説が取り沙汰されるようになったのは、金沢の近くまで同行した弟子の曾良《そら》の日記が公表されたことによる。

『奥の細道』は紀行文学の白眉であるが、もちろん一から十まですべてが事実に基づいているというわけではない。旅を劇的にみせるための演出が部分的になされていることは知られている。

ところが、同行した曾良が記した日記と『奥の細道』を比較すると事実関係に80カ所以上もの食い違いがあるのである。しかも、その多くは文学的な動機による演出としてはあまりにも不可解なのである。

その謎を解く鍵のひとつが東北の伊達《だて》藩だ。芭蕉が『奥の細道』のなかでぜひ訪れてみたい目的地としてあげているのが伊達藩領にある松島で、作品の冒頭では「松島の月まづ心にかかりて」とその熱い思いを記している。

にもかかわらず、松島では俳句をひとつも読んでいない。しかも曾良の日記によればこの時、芭蕉と曾良は何者かに追われるように先を急いでおり松島に一泊しかしていないのだ。

さらに曾良の日記を読むと、芭蕉は伊達藩領に入る日を正確に決めていたような

『奥の細道』に見え隠れする芭蕉の旅の真の目的は……？

気配さえ感じられる。

というのも、曾良の日記によれば元禄2（1689）年3月下旬に芭蕉たちは旅立っているものの、伊達藩を目前に控えた郡山に到着するまでは、なぜか旅の日程を調整でもするかのように毎日非常にゆっくりとした旅を続けているのである。

たとえば黒羽《くろばね》では13日間も、高久や那須湯本でも2日間滞在している。ところが、病に倒れて須賀川で7日間も逗留するという予期せぬ事態が起きると、翌日から遅れを取り戻すために突然旅のペースが早まるのだ。

そして芭蕉たちはタイミングを計るかのように5月3日に伊達藩の領内に入ったのである。

■誰から〝密命〟を受けたのか

じつは、ちょうどこの時期、徳川家康を祀った日光東照宮《にっこうとうしょうぐう》は伊達藩により大規模な修理が行われている。徳川幕府は東照宮の修理を命じることで外様大名である伊達藩の財力を削ぎ落とす狙いがあったようだ。

伊達藩も当然それを承知していた。このため藩の財力に合った修理にできないか幕府に願い出たが、幕府はそれを拒否する。

これと時を同じくして芭蕉は『奥の細道』の旅に出発しているのだ。「芭蕉間者説」に重ねてみれば、これは東照宮の修理に伊達藩がどのように対応しているのか、その内情を調べるのが目的だった、ということになる。

芭蕉が伊達藩領に入った5月3日はちょうど東照宮の修理が始まった頃にあたる。芭蕉は伊達藩の雰囲気をつぶさに感じることができたはずである。

さらに翌日には仙台の城下町に入り、そこで4日間も逗留している。しかも滞在期間中に句会でも催されたのか、仙台城に入っている。

芭蕉の句会にはこれまでも有力な武士や商人が参加することが多く、句会で交わされる話からその藩の内情を知ることができたであろう。

ところが、それ以降の芭蕉の行動はなぜか慌ただしくなる。まるで、間者としての仕事を終えると伊達藩に追われることを不安に思ったかのように、松島や石巻などを急ぎ足であとにしているのだ。

このため、伊達藩を出ると急にほっとしたかのように『奥の細道』の雰囲気も変わる。江戸を出てはじめてくつろいだような歩き方になるのである。

もうひとつ『奥の細道』の旅には大きな疑問がある。芭蕉たちの旅は奥羽地方と北陸地方をめぐる150日間、延べ2400キロメートルにもわたる長丁場である。その間の旅行資金は誰が出したのだろうか。

芭蕉はそれまで住んでいた家を処分して旅費を捻出し、宿泊は野宿や馬小屋を借りるなどして済ませているようにも思えるが、曾良の日記を読むと芭蕉たちは旅の半分近くを旅籠に宿泊しているのである。

いうまでもなく旅費には宿泊費だけでなく船賃や案内料、参拝料も含まれており、かなりの額が必要だったはずである。しかも自宅を処分した金は故郷に送ってしまったとさえいわれており、すべてを自費で賄うのはかなり大変だったに違いない。

たしかに、芭蕉のように全国に名の通った俳人なら旅の途中で句会を開いて参加者からいくばくかの旅費を出してもらうことは考えられる。

しかし、それだけでは5カ月におよぶ旅を賄い切れるものではないだろう。そうなると、幕府の間者として旅に出たため旅費の一部を幕府が支給したということも想像できるのだ。

■芭蕉と水戸藩をつなぐ糸

もし、芭蕉が幕府のスパイであるならば、幕府と芭蕉の間には何か深いつながりがなければならない。一介の町人が幕府に雇われることなど考えられないからだ。

もちろん、調べてみれば深いつながりは見えてくる。あまり知られていないことだが、じつは芭蕉は一介の町人などではなく、れっきとした武士なのである。それも徳川幕府と関係があった。

芭蕉は正保《しょうほう》元（1644）年、伊賀上野《いがうえの》で6人兄弟の次男として生まれている。父、松尾与左衛門《よざえもん》は地侍だった。

ご存知のように伊賀上野は、徳川家康に仕えた服部半蔵《はっとりはんぞう》が率いる「忍者の里」である。地侍だった芭蕉の父と半蔵に何らかの関係があっても不思議はない。といって、このことだけが芭蕉と幕府を結びつけているわけではない。

芭蕉が幕府と関係を深めたと思われるのは江戸に出て3年目の年だ。この時から上水道の工事に関連して水戸家の庭園（現東京・後楽園）に出入りするようになっている。そしてここから芭蕉の行動に変化が出始める。

まず、上水道工事の年に芭蕉は4年ぶりに帰郷をしている。ところが、生家に滞在したのはわずか10日あまりにすぎない。なぜか、すぐ江戸にとんぼ返りをしているのだ。

その後も芭蕉は帰郷しているが、必ず故郷を中継点にするように大垣や桑名、あるいは名古屋と徳川家と深いつながりを持つ場所を訪ねているのである。

また、『奥の細道』では日光東照宮を参拝する際に水戸家の関係者から紹介を受けてもいる。当時、東照宮は家康を祀っているため誰もが参拝できる場所ではなく、水戸家などの紹介がなければ入ることすらできなかった。このように芭蕉の人生には水戸家との関係も見え隠れしているのである。

ところで、旅に同行した曾良についても謎が多い。彼は弟子として芭蕉に付き添うのだが、『奥の細道』ではただの一度も俳句を読んではいない。それどころか、伊達藩を過ぎて金沢のあたりまでくると芭蕉と別れてしまうのだ。

それはまるで、間者仕事が終わったため同行するのをやめたかのようにも受け取れる。『奥の細道』に隠された芭蕉の意図とは果たして何だったのだろうか。

第2章◉遺された「痕跡」は何を語るか

幻の名城・安土城の消えた「蛇石」のミステリー

■謎の出火で焼け落ちた幻の城

天正《てんしょう》10（1582）年6月、威容を誇ったひとつの城が灰燼《かいじん》に帰した。織田信長《おだのぶなが》によって築かれた安土城《あづちじょう》である。完成からわずか3年の出来事だった。出火したのは、6月14日から15日頃にかけてだと推定される。出火の原因については謎である。放火ではないかというのが一般的だが、放火犯が誰なのか判然としないのだ。

『太閤記《たいこうき》』や『秀吉事記《ひでよしじき》』といった豊臣《とよとみ》家側の史料では、明智秀満《あけちひでみつ》を犯人扱いしている。秀満は明智光秀《みつひで》の女婿で、本能寺の変の後は安土城に入って守備についていた。山崎の合戦で光秀が敗戦したことを聞くと、14日には安土城を出て坂本城へ移動。この際に安土城に火をつけたのではないかとされる。

安土城は現在、城址しか残っていない

だが、秀満に放火の罪を被せるのは簡単なことである。というのは、窮地に追い込まれた秀満は翌15日に光秀の妻子を刺殺し、そのあとで坂本城に火を放って自らも命を絶っている。つまり、〝死人に口なし〟の状況なのだ。

では、誰が真犯人なのか。『日本西教史《せいきょうし》』やイエズス会の宣教師ルイス・フロイスは、放火したのは織田信雄《のぶかつ》だと述べている。ほかでもない信長の息子である。

信雄は信長の二男で、伊勢から鈴鹿を越えて秀満と入れ替わる形で安土城に入ったとされる。秀満が去った後の15日に出火したのであれば、信雄が放火した可能性は十分にある。

『日本西教史』は放火の理由を亡き父が築いた安土城を敵に奪われるのを恐れたためだとし、フロイスは信雄に智力が足りなかったからだと述べている。

信雄にとっては何とも不名誉な理由だが、信雄があまり優秀な武将ではなかったのはたしかなようだ。伊賀攻めでは大敗を喫しているし、そのほかにも失態が多かった。

とはいえ、織田家の権威を象徴する安土城を燃やして何の得があるというのか。この時の信雄は敵に追い詰められているわけではない。明智の軍勢は山崎の合戦で敗れているし、明智秀満も坂本城に敗走している。いくら愚かな信雄でも、そんな状況で父の築いた城に安易に火を放ったりするだろうか。

さらに、信雄は安土城出火の際にまだ伊勢にいたとする説もあり、動機も曖昧で証拠も不十分だ。信雄を犯人だと断定するのは無理がありそうだ。

ほかにも恩賞や略奪を目当てにした土民が放火したとする説や城下町の火災が延焼したとする説もあるが、そうなるとなおのこと事実を確かめるのは難しい。結局、出火の原因も犯人も謎のままなのである。

■消えた「蛇石」と「安土山図屏風」の謎

それにしても、安土城とはどのような城だったのだろうか。イエズス会の宣教師が書簡のなかで「ヨーロッパにもこれほどの城はない」と絶賛していることからも相当立派な城だったことがうかがえるが、謎もまた多い。

そのひとつに「蛇石《じゃいし》」と呼ばれる石の謎がある。これは『信長公記《しんちょうこうき》』にも書かれている巨大な石のことで、１万人以上で昼夜を問わず３日間もかかって天守閣に運んだという石だ。この巨石が行方不明なのである。

城が全焼したといっても、これほどの石ならどこかに残っていてもいいはずである。しかし、その所在はわからず忽然《こつぜん》と姿を消したままなのだ。

また、安土城の外観を知るのにもっとも有力な資料とされる「安土山図屏風《びょうぶ》」も行方不明になっている。

「安土山図屏風」は狩野永徳《かのうえいとく》が信長の命を受けて描いたもので、安土城の全容と城下町周辺がかなり正確に写実されている。これさえあれば安土城がどのような城だったかは一目瞭然で、謎の多くも解明するはずである。

ところが、この屏風は信長からイエズス会の巡察使《じゅんさつし》ヴァリニャーニに贈られたのち、ローマ教皇への献上品としてヴァチカン宮殿内に収納され、その後に行方不明になってしまうのだ。

ヴァチカン側の調査によれば、ヴァチカン内には存在しないという。では、どこにいってしまったというのか。

じつはヨーロッパのどこかに現存しているとか、ヴァチカンのどこかに眠っているなどさまざまな憶測はあるものの、その所在はいまだにわからないのが現状なのである。

■「設計図」から浮かび上がった全貌

このように謎の多い安土城だが、『信長公記』などの少ない史料からほんの少しだけその姿をうかがい知ることができる。

安土城は5層7重（地下1階地上6階）の天主閣を持つ大城郭だった。24メートルもある石垣の上に、さらに32メートルの高さの天主がそびえていたようだ。

ちなみに、「天守」といわれるようになるのは後世で、安土城の記録では「天主」と書かれている。天下を治める者の城という意味に違いなく、安土城は信長の天下統一の象徴でもあったのだ。

その天主閣の5階は室内が正8角形で、柱や天井がすべて朱色に塗られ、天井や壁には昇り龍などが極彩色で描かれていた。最上階の6階は正方形で四方がすべて金色に塗られ、狩野永徳の筆による障壁画が描かれていたと伝えられている。

また、旧金沢藩大工の池上家には『天守指図《さしず》』とだけ書かれた巻物が残っていて、これがじつは安土城天守閣の設計図ではないかとされる。

それによると、安土城は大きな宝塔がそびえる地階から3階までが吹き抜けになっていて、2階には吹き抜けに張り出した舞台が作られている。さらには吹き抜けに橋が架けられ、吹き抜けの空間を一望できるようになっている。何とも驚くべき設計である。

ただしこの『天守指図』は、後世になって『信長公記』などの文献をもとに作成されたものではないかともいわれ、信憑性を疑問視する声もある。たしかに木造建築でそれだけの大きな吹き抜けを造る技術が当時あったのかどうかは疑問である。

また、平成元（1989）年から2年間にわたって滋賀県が行った発掘調査では、幅が6、7メートル、長さが180メートルもある直線の大手道が発見されて歴史ファンの間にセンセーションを巻き起こしている。

なぜなら、戦国期の城は敵の侵入を阻むための工夫がなされているのが常識であるのに、安土城は城の玄関口である大手門から堂々たる道がまっすぐに伸びていたからだ。

なぜ、どのような意図で信長はこのような道を作ったのか。専門家がさまざまな角度から分析しているが真相は定かではない。結局のところ、安土城の全貌については多くが謎のままなのだ。

出雲大社の神殿に刻まれた古代日本の実相

■威容を誇った古代の出雲大社

平安中期の文学者・源為憲《みなもとのためのり》が天禄《てんろく》元（970）年にまとめた『口遊《くちずさみ》』のなかに、「雲太《うんた》、和二《わに》、京三《きょうさん》」という記述が残されている。雲太は出雲の出雲大社、和二は大和の東大寺大仏殿、京三は平安京の大極殿《だいごくでん》のことを指し、当時の大型建築物を順に示した言葉である。

平安時代後期にも出雲大社は「天下無双《てんかむそう》の大廈《たいか》」、すなわち天にふたつとない巨大な建物と呼ばれていた。

社伝によれば、本殿の高さは「古代32丈、中世16丈、今の世は8丈」と言い伝えられている。1丈は3メートルに相当する。つまり32丈は96メートル、16丈は48メートルとなるが、96メートルは大阪の通天閣《つうてんかく》に、48メートルは奈良・興福寺《こうふくじ》の五重塔や、15階建てのビルに匹敵する高さだ。

現在の出雲大社は江戸時代の延享元《えんきょう》（1744）年に建てられたもので、高さは24メートルである。たしかに国内の神社のなかでもっとも高いが、平安時代の出雲大社はその倍の高さにもなるのだ。

果たして、それだけの高さのものを当時の技術で本当に建造することができたのだろうか。

実験によれば、高さ96メートルの神殿を建てることはまず不可能ではなかったかと推測されている。同様に高さ48メートルの神殿も長い間、疑問視されてきた。

ところが、その疑問を覆す衝撃の発見がある。

■朱塗りの本殿と109メートルの階段

平成12（2000）年4月、出雲大社で地下室工事に先駆けた発掘調査を行っていたところ巨大な木柱が姿を現した。

調査の結果、それは平安末期の本殿の棟木《むなぎ》を支える宇豆柱《うずばしら》であることが判明したのだ。その後も中心となった心御柱《しんのみはしら》、それに本殿を床から支える側柱6本のうち

「天下無双の大廈」といわれた出雲大社

1本の基部が相次いで発見された。

いずれも3本の杉の丸太を金輪《かなわ》で束ねていたと考えられ、その直径は平均するとじつに3メートルにも及ぶという。この発見によって、本殿は計9本の柱で支えられていたことが明らかとなり、平安時代初期の本殿を記したとされる古図「金輪御《かなわのおん》造営差図《ぞうえいさず》」の構造とぴったり一致した。「金輪御造営差図」は、千家国造家《せんげこくそうけ》（宮司）に代々伝えられているものである。

これら柱の太さからみて、高さ48メートルの神殿が建造されていたことはほぼ間違いない。また、「金輪御造営差図」には本殿に続く階段が設けられていたことも記され、その長さは1町、つまり109メートルにも達した。

ということは、当時の出雲大社の姿は、9本の柱で支えられた高さ48メートルの本殿に地上からなだらかな斜面を描いた階段が続いていたことになる。

また、出土した柱にはすべて赤色顔料が塗布されており、これも「金輪御造営差図」に記されている朱塗りの神殿と対応している。

中世の出雲大社は赤々と輝いて天を貫く、まさしく空中神殿の様相を呈していたのだ。

■いつ誰によって建てられたのか

そもそも、出雲大社はいつ誰の手によって創建されたのか。その起源は『古事記』や『日本書紀』のなかに見ることができる。

ある時、天照大神《あまてらすおおみかみ》の弟・素戔嗚尊《すさのおのみこと》が高天原《たかまがはら》で暴れ、怒った天照大神は天《あま》の岩屋《いわや》戸《と》に隠れてしまう。素戔嗚尊はほかの神々から高天原を追放され、出雲に天降る。

やがて、素戔嗚尊の子（子孫ともいわれる）である大国主命《おおくにぬしのみこと》が出雲を支配するが、出雲を服従させるために何人かの神が送り込まれ、出雲大社を創るという条件でようやく出雲を譲ったという。

むろん、これは神話のなかの話であって、実際にはいつ誰によって出雲大社が造られたかというといまだはっきりしていない。しかし、島根県淀江《よどえ》町の角田遺跡から発見された弥生土器に、古代に建っていたとされる出雲大社に似た絵が描かれていたことが判明している。似ているというよりも、仮に高さ96メートルの神殿が建っていたとすればこのような姿だったのではないかと思われるものだった。

また、弥生時代の中期頃は現在と違って出雲大社前まで潟《かた》が深く湾入《わんにゅう》していたたとも考えられている。人々は船で神殿下の階段へ着き、そして階段を上がって参拝したとも考えられている。

■25回の造替が意味するもの

ところで、出雲大社はその高さゆえか何度も倒壊している。記録によれば、平安時代の弘仁《こうにん》13（822）年から江戸時代の延享元（1744）年までの約1000年の間、じつに25回の造替《ぞうたい》が繰り返されているという。

その造替の際にある不可思議な現象が起こっている。時は天仁《てんにん》2（1109）年。出雲大社が数度目の倒壊を起した時、大社近くの海岸にどこからともなく大木が100本流れ着き、本殿はこの木を利用して建て直したという。

この時、余った1本が因幡《いなば》国の海岸にもたどり着いたが、長さ45メートル、直径約4・5メートルだったといわれている。これは、平安時代の貴族・藤原家保《ふじわらいえやす》の日記に記されていたことである。この大木がどこから流れてきたのかは明らかではないが、この時の造替を「寄木《よりき》の造営」と呼んでほかとは区別していることからも特殊な事件であったことがうかがえる。

法隆寺再建論争の行方と新たなる謎

■残されなかった火災の記録

現存する世界最古の木造建築、法隆寺。日本人なら誰でも知っているこの名刹《めいさつ》には、今もなお多くの謎が隠されている。

法隆寺の名前が最初に『日本書紀』に登場するのは、天智《てんじ》天皇9（670）年の火災に関する記述だ。「法隆寺に火災が起こり、ひとつの屋も余すところなく焼失した」という。ところが、その後に再建されたという記述はどこにも書かれていない。そのため法隆寺は「再建」されたのか、それとも「非再建」なのかという論争が長い間にわたって続いてきた。

この論争は昭和14（1939）年からの発掘調査で法隆寺西院《さいいん》伽藍《がらん》東南部から「若草伽藍」と呼ばれる創建法隆寺のものと思われる伽藍遺構が発見されたことで

一応の決着をみる。

法隆寺は「再建」であることがほぼ確実になったのだ。

しかし、再建説が定説になるのと同時に新たな疑問も生まれている。再建されたというなら現存する法隆寺は、いつ誰によって建てられたのかということだ。前述したように、『日本書紀』には法隆寺の再建に関する記述がどこにも見当たらないのである。

さらに、天平《てんぴょう》19（747）年に法隆寺から朝廷に提出された『法隆寺伽藍縁起《えんぎ》并《ならびに》流記《るき》資材帳』においても再建について何も記されていない。しかも、これには火事があったことについてすら書かれていないのだ。朝廷に対して法隆寺の沿革や所有物など正確に報告しなくてはならない書類に、なぜ寺院の全焼と再建という大事件が記されることがなかったのか。

また、現存する法隆寺がいかにも「飛鳥《あすか》様式」で建てられていることも問題をややこしくしている。天智天皇9（670）年の焼失以降の白鳳《はくほう》時代に再建されたのなら当時の建築様式で建てられるのが自然である。だが、法隆寺は再建だという事実をまるで隠すかのように、旧態依然とした飛鳥様式にこだわって建てられてい

法隆寺の「再建論争」は決着したと言えるのか……

る。これはどうしてなのか。

■怨霊を封じ込めるのが目的か

こうした法隆寺再建の謎については研究者たちが多くの説を唱えている。

法隆寺は聖徳太子《しょうとくたいし》ゆかりの寺である。そのため、法隆寺が全焼し再建されたということは聖徳太子を神格化していくうえで不都合だったのではないか、法隆寺再建は聖徳太子を崇拝する人々の発願で行われたもので公の造営ではないのではないかなど、さまざまな説が議論されているのだ。

そのなかのひとつに、法隆寺は聖徳太子一族の怨霊を封じるための寺だとする説がある。梅原猛《うめはらたけし》氏はその著『隠された十字架』のなかで、法隆寺に関する史実を『日本書紀』などが執拗に隠蔽しようとする背景には聖徳太子とその一族の死が関わっていると説く。

すでに触れたとおり、聖徳太子の死は伝染病説や自殺説、さらには暗殺説と謎に包まれている。しかも聖徳太子の一族もその後、皇位継承争いの末に蘇我入鹿《そがのいるか》により自殺に追い込まれている。その一族が自殺した場所こそ法隆寺だ。

この説によると、聖徳太子一族を死に追い詰めたのは実質的には蘇我入鹿だが、その陰で暗躍していたのは、じつは中臣鎌足《なかとみのかまたり》（藤原鎌足）だという。そして、根絶やしにされた聖徳太子の一族とは正反対に、藤原氏はその後政治の中枢で栄えていく。

もしそれが本当だとすれば、怨霊や祟りが真剣に信じられていた当時の日本で藤原氏が聖徳太子一族の祟りを恐れたとしても不思議ではない。

現に前述した『資材帳』を見ると、藤原氏からは法隆寺へ多くの品物が寄付されている。また、鎌足の嫡男である藤原不比等《ふひと》の息子たち4人が伝染病によって相次いで死んだ翌年には、法隆寺へ食封《じきふ》（社寺などに支給される俸禄《ほうろく》）が与えられていて、藤原氏が法隆寺に大きく関わっていたことがうかがい知れる。

さらに、『日本書紀』の編纂に不比等が関わっていたとすれば、藤原氏にとって都合の悪い法隆寺関連の出来事をすべて隠蔽した事実とつじつまが合う。聖徳太子の一族を死に追いやったという不名誉な噂が広がるのを避けようとするのは当然だからだ。

とはいえ、真相は闇の中だ。『日本書紀』が黙して語らない以上、法隆寺再建の謎にはなかなか近づくことはできない。

■謎を解く新たな「手がかり」の発見

ほかにも法隆寺には不可解な点が多い。たとえば、金堂の薬師如来像《やくしにょらいぞう》の光背に刻まれた銘文。これには、法隆寺の成り立ちについて用明《ようめい》天皇の病気治癒のため推古《すいこ》天皇と聖徳太子により発願され、用明天皇の死後、推古天皇15（607）年に創建されたと記されている。

ところが、この銘文にも偽造説がつきまとっている。根拠としては銘文の文体や書体、それに表現がもっと後世のものだとみられることや、薬師に対する信仰が当時はまだ盛んではなかったことなどが挙げられる。

そもそも天智天皇9（670）年の火災ですべてが焼失したはずなのに、創建当初からあるはずの薬師如来像が無事だったということ自体、不自然である。なにしろ薬師如来像には焼けた痕跡すら見られないのだ。

これらのことから薬師如来像はその銘文も推古朝のものではなく、法隆寺の焼失以降に作られたものだという見方が強まっている。ただし、記された内容まで偽であるかは定かではない。もしそうだとしたら、法隆寺が聖徳太子の建てた寺だという史実や６０７年の創建だという定説さえ覆ってしまう。

法隆寺にあるそのほかの聖徳太子愛蔵の品々についても同様のことがいえる。全焼という火災の規模を考えれば、すべてが無事に運び出せたほうがむしろおかしい。これらは本当に聖徳太子にまつわる遺品なのだろうかという疑問が残る。

また法隆寺には開かれたことのない伏蔵《ふくぞう》がある。伏蔵とは地下にある秘密の蔵のことをいうが、通常ひとつで十分な伏蔵が法隆寺にはなぜか３つもあるのだ。そして、信仰上の理由から開かれたことがないため、なかに何が所蔵されているのかまったくわからない。この伏蔵が開かれれば、あるいは法隆寺の謎の一端が解けるかもしれないのだが……。

さらに法隆寺再建に関しても、今なお議論は続いている。最初に建ったとされる金堂が「７世紀後半」のものだとする説が有力だったが、近年の研究で五重塔の心柱を年代測定したところ推古天皇２（５９４）年に伐採した木材だと判明したのだ。とすると、６７０年の焼失という話はどうなるのか。

調査が進めば進むほど、法隆寺の謎はますます深まるばかりなのである。

藤原京への遷都の背後に見え隠れするもの

■わずか16年で幕を閉じた都

今から約1300年前の持統《じとう》天皇8(694)年、飛鳥の地にあった都が藤原京に移された。持統、文武《もんむ》、元明《げんめい》という3人の天皇が暮らし、和銅《わどう》3(710)年に平城京《へいじょうきょう》に遷都《せんと》されるまでの間、この藤原京が都となる。しかし、その期間はわずか16年間にすぎなかった。

短い期間で平城京に都の座を明け渡すことになった藤原京だが、なぜこれほどまでに短命な都となったのだろうか。

『日本書紀』によると、藤原京が造られたのは持統天皇の時代である。持統天皇8(694)年の年末に「藤原京に遷《うつ》り居します」と記されている。

もともと暫定的に置かれた都で、天智《てんじ》天皇は早い段階から新しい都を造ろうとして候補地を探しており、その時すでに藤原京が候補として挙がり造成工事も行われていたのだ。しかし天智天皇の死によって一時建設が中断してしまう。

天智天皇亡き後の皇位継承をめぐって天武天皇元（672）年に起こった壬申《じんしん》の乱は、大友皇子《おおとものみこ》が自害して近江朝廷が破れることで終わった。勝利をおさめた大《おお》海人皇子《あまのみこ》は飛鳥に凱旋、ひとまず飛鳥浄御原宮《あすかきよみはらのみや》を定めて天皇の位についた。

天智天皇に引き続き天武《てんむ》天皇（大海人皇子）が藤原京の建設を進めていたが、天武天皇15（686）年に天武天皇が亡くなり、工事は再び中断してしまう。

その後、天武天皇の皇后である持統天皇が位につくと、ようやく持統天皇4（690）年から藤原京の造成工事が再開された。

持統天皇はみずから造成作業中の現場に足を運び、工事の進捗状況に応じて褒美《ほうび》を出すなどしている。地鎮祭を済ませると、さらに何度も現場に足を運んでいるのだ。

工事が完成したのは持統天皇8（694）年。飛鳥浄御原宮から藤原京への遷都が行われた。持統天皇にしてみれば、都の完成は夫である天武天皇の後を受けてどうしても自分でやり遂げなければならない事業だったのだ。

藤原京は近年まで東西2・1キロメートル、南北3・2キロメートルの規模と考えられていた。これは、平城京のほぼ半分の大きさにあたる。

ところが平成になって東西に延びる京極大路が発見され、藤原京の東西の幅は、それよりもはるかに大きい5・2キロメートルに達することがわかった。

藤原京は、わが国で最初に造られた計画都市だった。

南北も5・2キロメートルで、広さにして約25平方キロメートル。平安京の23平方キロメートル、平城京の24平方キロメートルよりもさらに大きなスケールだったのだ。

北の耳成《みみなし》山、西の畝傍《うねび》山、東の天香具《あまのかぐ》山という有名な大和三山を内部に含んでいることからもその広大さがうかがえる。

さらに、正方形の形をした都の中央に宮室が置かれ、それを中心にして縦横各9条の道路が交差する形をとっているのが特徴だ。

これは中国の周《しゅう》における都の理想形を取り入れたもので、宮の北方に宮市があったこともやはり周にならっている。

■都としての最大の欠陥

この藤原京以降、日本では条坊制《じょうぼうせい》という土地区画が採用されるようになる。東西南北に碁盤目状に走る大路をもとに都市を造り、その大路によって囲まれた区画を「坊」、東西に並ぶ「坊」の列を「条」と呼ぶ。それぞれの「坊」は、さらに「小路」によって細かく分けられている。平城京以降は16に分けられていた。

藤原京では、南北10条東西10坊のうち、中央の4つの坊が藤原宮にあたる。だから、左右京は各48坊、藤原京全体では96坊となる。これだけの規模の都に、皇族、貴族、そして平民が住んでいたわけで、人口はおよそ4～5万人だったと考えられている。

特筆すべきは規模の大きさだけではない。日本で最初に造られた本格的な「都市」であった藤原京は、華やかな貴族文化である白鳳文化の舞台であり、持統天皇によって「春過ぎて夏来たるらし白妙《しろたえ》の衣ほしたり天の香具山」と詠まれた美しい都だった。

人々の食生活も新しくなり、医療機関がつくられ、またさまざまな形や大きさの住宅とともに便所も作られ、住環境の整備が進められていたこともわかる。

といっても、それらはまだ不完全なもので、藤原京の周辺の衛生事情は劣悪だったと思われるが、ある意味では日本にはじめて「都市文化」あるいは「都市生活」と呼ばれるものが生まれたことは間違いない。

それでは、なぜ藤原京は16年という短命に終わり、平城京に遷都されてしまったのだろうか。

その理由としていろいろな説がある。まずもっとも重大な理由として考えられているのは、藤原京が内陸にあるために水運の便が悪かったことだ。

当時、この地域の重要な港湾施設は、現在の大坂城の西に位置する難波津《なにわづ》だった。しかし難波津から藤原京までは距離があり、物資の輸送には不便である。難波津からは瀬戸内海を経由して朝鮮や中国との交流も行われていたので、この難波津が有効に使えないのは都としては大きな欠陥だったのだ。そこで、もっと交通の便のいい場所に遷都すべきであるという動きが出たと考えられる。

実際、次に都になった平城京は奈良盆地の北に位置するが、内陸部とはいえ川があるために難波津からの交通は便利だった。物資輸送の大部分を水運に頼っていた時代だけに藤原京はその点で不利だったのだ。

■遷都せざるをえなかった本当の理由

地形に関していえば、もうひとつ別の説がある。

当時、遣唐使《けんとうし》が再開されてさまざまな中国の情報がもたらされるようになった。そのなかでも、唐《とう》の長安《ちょうあん》城の都市造りが藤原京の都市造りを見直すきっかけになったというのである。

藤原京は飛鳥川が都市部を斜めに横切って西北方向に流れているように、東南が高く、西北に低くなっている。しかし、本来の都造りの原則でいえば、天皇は北の高い位置から南に向かって臣下を見下ろすようにしなければならない。また、天皇は臣下とは遠く隔絶された場所にいるべきである。

しかし藤原京は、この大原則に合致していなかった。唐の長安を見てきた遣唐使はこの点を強く指摘した。天皇中心の国家を形作らなければならない時期だっただけに、藤原京の地形がその目的にかなっていないことが問題視された。そこで、その考え方にのっとった都市造りが平城京で行われたというわけだ。

ちなみに、都として手狭になったからという説もある。

大宝元《たいほう》（701）年に大宝令が施行されると役所や役人の数が増えた。行政機構が複雑になれば仕事も増える。当然、行政関連の施設が増えて、それだけ住環境としての条件が劣悪になる。より広い場所を確保できる都が求められたのである。

じつは、都市としての藤原京にはもうひとつ深刻な問題が持ち上がっていた。都市汚染である。

人口が増えれば、当然、住環境が汚染されていく。ゴミの問題や下水処理問題は今と違って深刻だった。この時代トイレなどの施設が完備されてはきたが、しかし現在に比べれば未発達で、数万といわれる人口を抱える藤原京には環境汚染問題がつきまとっていたと考えられている。

そこで、いっそのこと新しい都を造り、環境問題も根本から見直そうという考え方が強まったことも十分に考えられるのだ。

このように諸説あって藤原京がなぜ短命だったのか、その決定的な理由は今もわかっていない。いずれにしても、大規模な都市計画をもとに造られた日本最初の都はわずか16年で捨てられてしまう。そこに古代社会の混沌とした時代背景がうかがえるのはたしかである。

『日本書紀』が映し出すもうひとつの歴史

■数々の矛盾点

『日本書紀』は、『古事記』と並ぶ日本最古の歴史書である。

天武天皇10（６８１）年、天武天皇が川島皇子《かわしまのみこ》や竹田王《たけだのおう》ら皇親と、安曇連稲敷《あずみのむらじいなしき》や中臣連大島《なかとみのむらじおおしま》などの官人に命じて作らせ養老《ようろう》４（７２０）年に完成する。全30巻からなり、神話時代から持統天皇時代６９７年までの歴史が漢文体で書かれている。

一方の『古事記』は、元明《げんめい》天皇が太安万侶《おおのやすまろ》に「天武天皇が稗田阿礼《ひえだのあれ》に命じた旧辞《きゅうじ》を選録《せんろく》して献上するように」と命じて和銅５（７１２）年に完成した。全３巻からなり、上巻は神話時代、中巻は神武《じんむ》天皇から応神《おうじん》天皇まで、下巻は仁徳《にんとく》天皇から推古天皇までの歴史が記されている。

ほとんどが神話時代の話で占められ、人物に力点がおかれた紀伝《きでん》体の『古事記』

に対して、『日本書紀』は神話時代以降の話が圧倒的で、古い時代から順に叙述する編年《へんねん》体で書かれている。

それゆえに『日本書紀』は正史と呼ばれているわけだが、じつは『古事記』をはじめとしたほかの書物との矛盾点が多々見受けられるという。また、その記述をめぐってさまざまな疑問点が指摘されている。

■「タリシヒコ」とはいったい誰か

『日本書紀』の記述の大きな疑問点のひとつが、聖徳太子に関してのものである。聖徳太子といえば女帝・推古天皇の摂政で、推古天皇11（603）年に冠位十二階、翌年に憲法十七条を定め、また小野妹子《おののいもこ》を遣隋使として送った人物とされている。

ところが、『日本書紀』のなかに聖徳太子という名前は1度も登場しない。聖徳太子は、のちに書かれた文書のなかにはじめて登場する名前なのだ。おそらく聖徳太子ではないかと思われる人物は、厩戸皇子《うまやどのみこ》、豊耳聡法大王《とよとみみのりのおおきみ》、上宮太子《かみつみやのひつぎのみこ》など8つの名前で呼ばれており、なぜひとつの名前に統一できなかったのかも疑問視されている。

名前だけではない。遣隋使に関するこんな記述がある。

推古天皇15（６０７）年、小野妹子を隋に遣わし、翌年に妹子は隋の使節・裴世清《はいせいせい》とともに帰国。裴世清は飛鳥を訪れて宮中の大門の前で国書を読み上げると、日本側の役人が進み出て国書を受け取り儀式は終わった――。

これを読む限り、推古天皇も聖徳太子も一切、姿を現していないのだ。

しかし、中国の文献『隋書』倭国伝《わこくでん》によれば、裴世清は日本の王と会い「ようやく大使をお迎えすることができた」と王が述べたなど、取り交わした言葉についてまで詳細に書き記しているのだ。

倭国伝ではさらに、同年にタリシヒコという日本の王が使者を遣わし、「日出《い》づる処《ところ》の天子《てんし》、書を日没《ぼっ》する処の天子に致す」と書かれた国書を持ってきたともある。

この国書を読んで、日が没するところの天子と呼ばれた隋の皇帝である煬帝《ようだい》は相当、立腹したというが、それでも裴世清を日本に遣わしている。いわば、日本は外交戦略に成功したというのに『日本書紀』にはこの国書の内容に関する記述がどこにも見当たらないのだ。

不可思議なことはまだある。倭国伝に登場するタリシヒコという名前だが、専門家によれば、これは男性の名前だという。当時の倭王、すなわち推古天皇は女性であることは明らかだ。

古代史においてこれだけ重要なシーンからなぜ推古天皇や聖徳太子が消えているのか、そしてタリシヒコとはいったい誰なのか――。

■邪馬台国についての不可解な記述

『日本書紀』と『古事記』がともに天武天皇によって編纂が開始、あるいは編纂の準備がされたことはそれぞれの記述のなかや序文に書かれている。この記述によって、2つの書は天武天皇のために書かれたというのがこれまでの通説となっていた。

たしかに、『日本書紀』のなかには天武天皇の立場からの記述が見られる。たとえば、天智天皇の死から1年数カ月後に天武天皇が即位しているが、『日本書紀』ではその間、天皇は空位となっている。

のちに明治政府がその空位を埋めて天智天皇の息子・大友皇子《おおとものみこ》を弘文《こうぶん》天皇として即位させているが、なぜそれまで天皇の空位を認めたのか。

ある研究者によれば、天智天皇のあとに大友皇子が天皇に即位したことを認めてしまうと、天武天皇が反乱を起こして大友皇子から皇位を奪ったことになる。そのため、即位の事実を認めなかったという。

しかし、その一方で天武天皇の生年、年齢、前半生についてはまったく触れられていない。また、天武天皇は天智天皇の弟であるにもかかわらず、天智天皇が蘇我入鹿を暗殺して蘇我氏を滅ぼした大化元（645）年の大事件「乙巳《いっし》の変」の時にも登場していないのだ。

不思議なことに孝徳《こうとく》天皇時代の晩年から姿を現すようになるが、ここでもまた東宮、大皇弟といった名前で呼ばれている。天武天皇のために書かれたにしては、あまりにも記述が少ないのである。

天皇の記述については、天武天皇以外にも疑問点がある。たとえば中国の史書『三国志』のなかの魏《ぎ》の東夷伝《とういでん》、いわゆる「魏志倭人伝《ぎしわじんでん》」に登場する邪馬台国《やまたいこく》について見てみると、中国の景初《けいしょ》3（239）年の6月に倭の女王が魏の天子に朝貢《ちょうこう》することを申し出ている。

『日本書紀』にも同じような記述が残されているが、それは「神功《じんぐう》皇后摂政紀」の部分に記されている。つまり、『日本書紀』では倭の女王、すなわち邪馬台国の卑《ひ》弥呼《みこ》は神功皇后となるのである。

ただ、景初3年は西暦では239年のことを指すが、神功皇后は第14代仲哀《ちゅうあい》天皇の后で時代に開きがある。

また、『日本書紀』にはなぜかふたりの初代王がいるとされている。これはどういうことかといえば、初代神武天皇と第10代崇神《すじん》天皇に「ハツクニシラス天皇」として、はじめて天下をおさめた天皇の称号が与えられているのである。

研究者によれば、崇神天皇こそが実在の初代天皇で、崇神天皇をモデルに神武天皇という神聖な王を創造したのではないかとも推測されている。

■本当に改ざんはあったのか

では、『日本書紀』編纂の目的とはいったい何だったのだろうか。

そのひとつに天智天皇のために書かれたとする説がある。これは、天武天皇の記述が少なすぎること、逆に天智天皇を称賛する記事が多いことがその理由だという。

また、藤原不比等が藤原氏に有利なように改ざんしようとしたという説もあがっている。

不比等は『日本書紀』を編纂した時の権力者だった。『藤氏家伝《とうしかでん》』によれば、藤原氏は現在の奈良県橿原《かしはら》市の出身となっているが、じつは百済《くだら》出身、すなわち渡来系だったため、藤原氏の祖先を日本人に仕立てるために改ざんしようとしたというのである。それはなぜか。

藤原氏の祖で、天智天皇とともに蘇我入鹿を抹殺した中臣鎌足（藤原鎌足）を日本史上における英雄に仕立てるためだという。中臣鎌足は大化の改新の立役者で、蘇我氏の横暴ぶりに危機感を抱いて入鹿を殺害している。

たしかに『日本書紀』には入鹿が邸宅を「宮門《みかど》」と呼び、自らの子を「王子」と呼んでいたなどといった傍若無人ぶりを描いたエピソードが多いが、これらの描写はあまりにもあからさま過ぎるため「作り話」ではないかともいわれているのだ。

これにより、藤原氏の正当性を主張するために入鹿を必要以上に悪人に仕立て上げる必要があったのではないかという見方もされている。

『日本書紀』とはいったいどこまでが真実で、どこからが虚偽なのか。それを知る手がかりはいまだ謎に包まれている。

「名古屋城の金の鯱」をめぐる奇妙な噂と呪いの伝説

■鴟尾に代わって飾られた金の鯱

伊勢参りのブームと共に全国に広まった伊勢音頭《いせおんど》に「尾張名古屋《おわりなごや》は城でもつ」という一節がある。この城とはもちろん名古屋城のことである。

名古屋城は、16世紀に駿河の今川氏親《いまがわうじちか》が尾張進出を図って現在の二の丸付近に城を築いたのが始まりだ。のちに織田信秀《のぶひで》が奪って城主となり、子である信長はこの城内で誕生している。当時は「那古野城」と記されていた。

名古屋城と聞いて真っ先に浮かぶものといえば、やはり天守に飾られた金の鯱《しゃち》だろう。もともと日本の城には、鴟尾《しび》という反り上がった魚の尾のような飾り瓦が施されていた。鴟尾は水を起こすといわれ、つまりは防火のためのまじないである。

だが、そのうちにさらに勇猛な飾りを施そうと考えたのか、最強の海の生物とい

名古屋城の「金の鯱」をめぐる様々な噂の真偽は？

われる鯱を飾るようになったのだ。

それにしても、こうした飾りは石彫《いしぼり》や瓦、もしくは青銅で造られるのがふつうで、純金を使った鯱は名古屋城以外ではほとんど例がない。

だからというわけではないだろうが、城が誕生して以来、この金の鯱をめぐっては奇妙な話が絶えないのである。

■金鯱に込められた豊臣氏滅亡の呪い

信長が別の場所に城を築いたことでいったんは廃城になった名古屋城を子である義直《よしなお》の居城として再び築いたのは徳川家康《とくがわいえやす》である。

築城は慶長《けいちょう》15（1610）年から始まり、2年後には大天守が完成した。工事には城造りの名手として知られた加藤清正《かとうきよまさ》も参加しており、この時点で大天守にはすでに雌雄一対の金鯱が飾られている。

現在の大きさに換算すると雄が2・62メートル、雌が2・58メートル、使用した金は慶長大判1940枚分で、これは270キログラムもの純金に相当する。

家康がここまで派手に飾ったのは、防火祈願に加えて城主の威光を示すためでもあったのだろう。

さらに一説によれば、この金鯱には亡き豊臣秀吉《とよとみひでよし》の嫡子である秀頼《ひでより》を呪い殺すための呪文が封じ込まれていたという話もある。その役割を担ったのは密教の修験者の山伏で、依頼した家康の狙いは大坂の秀頼、ひいては豊臣氏の滅亡にあった。

実際、名古屋城に金鯱が上がってからというもの、秀頼は原因不明の病を患っている。しかし秀頼は、修験者の助言でその原因が名古屋城の金鯱であることを突き止め、大坂城の金の茶室で対抗して回復を遂げたというのだ。

豊臣氏は元和《げんな》元（1615）年の「大坂夏の陣」で滅亡するが、その後、豊臣側の修験者は名古屋城に忍び込み、金鯱に徳川家への呪い返しを封じ込めた。すると、ほどなくして家康は急死する。

そして、時を経て享保《きょうほう》11（1726）年、藩の役人が金鯱を天守から降ろしたところ、なかから解読不能の秘文が発見されたと伝えられている。

■資金繰りのために純度を下げられる

ところで、この時金鯱がなぜ降ろされたのかといえば、その純度を下げることで財政難を救うためだった。

家康が最初に造った金鯱は、現在の貨幣価値に換算すると数十億ともいわれている。それゆえに盗難事件も相次ぐなど、もはや金鯱は空に掲げられた〝金塊〟と化していた。したがって藩の台所事情が逼迫《ひっぱく》すると、たびたび降ろされてはその純金が当座の資金に換えられていたのである。

文政《ぶんせい》10（1827）年にもやはり金鯱を造り直すことで財政への補塡を行ったが、この時は純度を下げすぎたため金鯱の生命線でもある輝きが失われてしまった。

そこで、もともと設置されていた鳥よけの鉄骨に金網を張ることで金鯱を見えづらくし、純度の低さをごまかしたという話もある。

■伊豆の海に沈んだニール号事件

黄金に飾られた鯱は大天守にその姿を現してからいつの世も人々の心をとらえてきた。明治6（1873）年には、その物めずらしさからオーストリアで開催されるウィーン万国博覧会へと出展されたのだが、これにはちょっとした裏話がある。

海を越えた金鯱は1匹だけだったが、現地ではヨーロッパ人たちの注目を集め一躍人気を博した。

ところが、役目を終えた帰国の途中で事件が起こる。金鯱を積んで横浜へと向かっていた運搬船「ニール号」が、あろうことか伊豆の妻良《めら》沖で沈没してしまったのである。

この船に積まれていたのは国宝ばかりで、純金の金鯱も一緒に沈没したのではないかという噂がたちまち駆け巡った。

すわ金鯱の呪いかと疑いたくなるような事件だが、じつは金鯱はそのあまりの大きさに香港で別の船に積み換えられていたというのが真相だった。ニール号と大半のお宝は今も海底に沈んだままだが、金鯱はその型破りな大きさが功を奏して辛くも難を逃れたというわけである。

だが、そんな金鯱も昭和20（1945）年の空襲で焼失してしまった。現在の金鯱は復元されたもので、大きさは昔と変わらないものの使用されている純金は雌雄あわせて88キログラムほどだ。

家康が造らせたものに比べれば金の量は3分の1程度だが、それでも天守で黄金に輝く姿は名古屋城下の人々にとっては特別な存在であることはいうまでもない。

江戸の名橋「永代橋」で起きた200年前の大惨事とは？

■水の都を彩った名橋

「橋の展覧会場」ともいわれるほど、東京の下町を流れる隅田川には名前も形もさまざまな橋が架けられている。

そのうち、徳川家康が権勢を振るった時代に架けられた千住大橋《せんじゅおおはし》をはじめ、吾妻《あづま》橋《ばし》、両国橋《りょうごくばし》、新大橋《しんおおはし》、そして永代橋《えいたいばし》の5つの橋は、どれも江戸時代に架けられた由緒あるものだ。

無論、現在の橋は架橋当時の木製のものから架け替えられてはいるが、その名前は江戸の庶民が慣れ親しんできたものだ。

これらの橋は400年以上もの間、かつては江戸、そして今では東京となったこの土地の人々の暮らしを支えてきたのである。

ところが、そんな歴史ある橋のひとつである永代橋で、今から200年以上前に死者と行方不明者を合わせると2000人を超える大惨事が起きている。

水の都といわれた江戸を代表する名橋のひとつとして、多くの浮世絵にも描かれたこの美しい橋でいったい何があったのだろうか。

■積み重なった不運

日本橋界隈と深川を結ぶ永代橋は、〝犬公方《いぬくぼう》〟の異名で知られる徳川綱吉《つなよし》の50歳の誕生日を祝して元禄《げんろく》11（1698）年に架けられた。隅田川に架かる橋としては4番目に築かれたものだった。

永代という名前は、徳川政権が永代まで続くことを願ってつけられたとも、当時、橋が架けられた深川側を永代島《えいたいじま》と呼んでいたことから名づけられたともいわれている。

美しい弧を描いた橋の上からは遠く富士山を眺めることができたというから、当時江戸の名所だったことはいうまでもない。

この永代橋は、将軍の生誕祝いに合わせて造られたというだけあってとにかく巨大なものだった。幅約6メートル、全長約200メートルという大きさもさることながら、人々の度肝を抜いたのが橋を支える橋脚《きょうきゃく》の高さだ。

江戸湾へつながる隅田川の川岸には多くの倉庫が立ち並び、当時は大川と呼ばれた隅田川は積荷を運ぶ廻船《かいせん》が行き交っていた。そこで、大きな帆を張った船でも問題なく通過できる高さの橋が必要だったのである。江戸湾の満潮時でも、永代橋の橋桁は水面から3メートルもの高さがあったほどだ。

ところが、この巨体がのちの大事故の伏線になってしまうのである。

どれほど当時の技術の粋を集めたとはいえ、橋は木製である。そればかりか、永代橋は河口に近い位置に架けられたこともあって、江戸湾から流れ込んでくる海水によって巨大な橋を支える橋脚の腐食は通常の橋よりも速く進んだ。当時の永代橋は破損と修理を繰り返していたという記録が残っている。

そのうちに江戸は第8代将軍の徳川吉宗《よしむね》の治世となり、幕府は財政難を解消すべく「享保の改革」を断行して緊縮財政を敷いた。

それもあって、橋の修繕費を賄えないどころか永代橋は廃止するという話も出たほどだった。

やがて橋の管理は幕府の手を離れ、江戸の町人たちの手に託されている。人々は通行料を取るなどして資金集めを行ったが、腐食は進み、船が衝突するなどして破損が続き、そのうちに十分な修繕ができなくなってしまう。

こうして、老朽化する一方だった橋で信じ難い大事故が起きてしまったのだ。

■隅田川に多くの溺死体が…

文化《ぶんか》４（１８０７）年８月。その日の深川は12年ぶりに行われる富岡八幡宮の祭礼の日とあって江戸中から集まった人々でごった返していた。

しかも、祭礼は雨により予定されていた日から４日間も順延されていたことから、祭りが始まるのを待つ江戸っ子たちの盛り上がりもひとしおだった。

さらにこの日の永代橋は、午前中に大々的な交通規制がかけられていた。橋の下を将軍家の要人を乗せた御座船《ござぶね》が通るため、警備の都合から橋の通行が一時ストップされたのである。

足止めを食った群衆は、橋の両脇に何重もの人垣をつくった。そんな状態で通行止めの綱がようやく解かれたため、人々が一斉に橋の上になだれ込んだのである。

架橋から１００年以上経ちすっかり老朽化した橋を信じられない数の人間が一度に渡ろうとしたらどうなるのかは推して知るべしだ。永代橋は重さに耐えきれなくなり、突如として橋の真ん中から崩れ始めたのである。

案の定、人々は橋桁もろとも隅田川に落ちていった。

事故後、隅田川ではすさまじい数の溺死体が見つかったが、江戸湾にまで流されてしまったのか、行方知れずのままという者も少なくなかったという。これが、橋梁事故として日本史上類を見ないといわれる永代橋崩落事故の恐ろしい顛末である。

その後、橋は幕府の手によって架け替えられ、事故から90年後の明治30（１８９７）年には鉄橋に生まれ変わっている。

東京都目黒区の目黒不動尊に近い海福寺《かいふくじ》の境内には、永代橋の事故で命を落とした人々を弔うための供養塔が残っている。この寺は事故当時には深川にあったが、明治になってこの地に移転したため、供養塔も一緒に移設されたのだ。

お花見や花火見物、また東京スカイツリーも建ち隅田川の川岸は今日も多くの人でにぎわう。しかし、穏やかなその流れはかつて絶対にあってはならない悲劇を目撃していたのである。

第3章

◉葬り去られた歴史的事件の内幕

「乙巳の変」の〝主役〟は本当に中大兄皇子、中臣鎌足だったのか

■飛鳥板蓋宮で起こった惨劇「乙巳の変」

大化《たいか》元（645）年、時の朝廷が置かれた飛鳥板蓋宮《あすかいたぶきのみや》で重大な事件が起こった。高句麗、新羅、百済の三韓《さんかん》の使者が、大王（天皇）への貢物を献上する儀式が執り行われるなか、玉座の前で蘇我入鹿《そがのいるか》が中大兄皇子《なかのおおえのおうじ》らによって斬り殺されたのだ。

この出来事は、いわゆる「大化の改新」のきっかけとなった事件で、その年の干支をとって「乙巳《いっし》の変」と呼ばれている。

蘇我入鹿は、当時、天皇家の外戚として絶大な勢力を誇っていた蘇我家の中心人物だったが、皇極《こうぎょく》天皇即位の頃より横暴なふるまいがしばしば問題視されていた。

さらに、聖徳太子《しょうとくたいし》の子である山背大兄王《やましろのおおえのおう》を襲撃し、上宮《かみつみや》王家を滅亡に追い込んで朝廷を脅かしたのも入鹿だった。そうした行為に舒明《じょめい》天皇と皇極天皇の息子であ

る中大兄皇子が危機感を抱き、蘇我氏打倒に立ち上がったのだ。

ところで、この事件の登場人物で忘れてはならないのが中大兄皇子の腹心ともいうべき中臣鎌足《なかとみのかまたり》だ。

のちに藤原《ふじわら》氏の始祖として名を残すものの、この時はまださほど目立つ存在ではなかった。だが、中大兄皇子をあと押ししたのはほかでもない鎌足で、この〝古代版クーデター〟は中大兄皇子と中臣鎌足というふたりの主役によって実現したと『日本書紀』には書かれているのである。

ところが、この事件には主犯ともいえる「第3の男」の存在があったのではないかという説も根強く囁かれている。

じつは事件の後、皇極天皇はたった2日で皇位を実弟である軽皇子《かるのみこ》に譲位しているが、この軽皇子、すなわち孝徳《こうとく》天皇こそが第3の男と目される人物なのである。

■いつの間にか皇位を継いでいた軽皇子

孝徳天皇の黒幕説には、もちろんいくつかの根拠がある。まず、ひとつは皇極天皇の譲位が不自然であることだ。

当時の天皇は終身在位で、存命中の譲位は異例中の異例だ。しかも本来なら皇極天皇の息子である中大兄皇子に譲位されるのが自然であるにもかかわらず、皇位に就いたのは弟の軽皇子だった。そこには「何らかの功績に対する配慮」があったようにも読み取れる。

2つ目は、鎌足と軽皇子の接点である。鎌足は事件当時こそ中大兄皇子の側近であったが、じつはそれ以前に軽皇子に近づいていたという記録がある。しかし、軽皇子の器量に不安を感じたため、ターゲットを中大兄皇子に変更したというのだ。

ある時、飛鳥寺で蹴鞠の会が行われ、中大兄皇子が鞠を蹴ったとき、履物が脱げ、偶然にも鎌足のほうへ飛んできた。それを拾い上げたことがきっかけで、ふたりは親密になったと伝えられている。

ところが一方で、クーデターの1年前に鎌足が病にかかった軽皇子を見舞い、そこで「軽皇子こそ天皇にふさわしい」というような発言をしたという記録も残されている。

そして3つ目は、軽皇子が入鹿殺害の大義名分となった「上宮王家襲撃事件」に加担していることだ。これは、聖徳太子の伝記である『上宮《じょうぐう》聖徳《しょうとく》太子《たいし》伝《でん》補闕記《ほけつき》』

にも記載がある。

ところが、『日本書紀』にはそのことはいっさい触れられていない。そればかりか、一連のクーデター事件でも軽皇子の名は完全に伏せられ、いつの間にか皇位を継承したかのような印象を与えているのである。

一説では、軽皇子は譲位をいったんは断ったが、同じく皇位継承候補で蘇我氏との関わりが深かった古人大兄皇子《ふるひとのおおえみのみこ》が入鹿の死によって出家したため、しかたなく引き受けたといわれている。しかし結果的には、乙巳の変によって権勢を誇っていた蘇我本宗家は滅亡し、天皇家を中心とした政治が確立するきっかけになった。

当時の東アジア情勢は緊迫しており、外交的にも国内の政局安定は急務だったと考えられる。それを察した鎌足が軽皇子と結託し、足かせにもなっていた蘇我家を滅ぼしたとする見方はあながち突飛でもない。

少なくともクーデターの計画に次期天皇を約束された軽皇子が関わっていたと考えればいくつかの謎の辻褄が合うのである。

ちなみに、軽皇子は孝徳天皇になってからほどなくして中大兄皇子との関係を悪化させ、失意のうちに世を去っている。

左大臣・長屋王を死に追い込んだ藤原氏の〝罠〟とは

■弁明の余地もないまま断罪された長屋王

神亀《じんき》6（729）年、左京《さきょう》に住む従七位漆部君足《ぬりかべのきみたり》と無位中臣宮処東人《なかとみのみやこのあずまひと》という人物が、朝廷にとんでもない密告をもたらした。

左大臣の職にあった長屋王《ながやおう》が左道を学び、国家転覆の謀反を企てているというのだ。左道とは仏教や儒教の教えからはずれた宗教や呪術のことで、当時は魔術的な力があるとされていた。

すぐさま藤原宇合《ふじわらのうまかい》を筆頭とする朝廷の兵が長屋王の屋敷を取り囲んだ。そして翌日、弁明の余地も与えられぬまま、長屋王は自害させられる。妻の吉備内親王《きびないしんのう》や息子たちもそのあとを追って命を絶った。

この件に関しては90人ほどが捕まったものの、数人が流罪になっただけであとは赦免されている。密告から自害までが3日、事後処理を含めても2週間で片づけてしまうというスピード解決だった。

——これが「長屋王の変」のあらましである。

左大臣といえば、天皇に次いでナンバー2の存在。下級役人の密告があったからといって、こうも簡単に失脚してしまうものだろうか。

じつは、この事件の背後で暗躍していた黒幕は、藤原氏だったのではないかという見方が有力だ。朝廷での実権を掌握しようとした藤原氏が障害となる長屋王を抹殺したというのだ。

■藤原氏が天皇の外戚になるための秘策

長屋王は「壬申《じんしん》の乱」で活躍した高市皇子《たけちのみこ》を父に持ち、天武《てんむ》天皇の孫でもある。

壬申の乱とは天智天皇の没後、皇位継承をめぐって大友皇子《おおとものみこ》と大海人皇子《おおあまのみこ》との間に起きた争いだ。この戦いに勝利した大海人皇子が天武天皇として即位したのである。

また、妻の吉備内親王も父は草壁皇子《くさかべのみこ》、母は元明《げんめい》天皇、さらには姉が元正《げんしょう》天皇で弟が文武《もんむ》天皇という皇族の出身だ。夫婦ともに皇族と深い血縁関係があり、長屋王は次期皇位継承者として有力候補のひとりだった。

ただし、これを快く思わなかったのが藤原氏だ。何とかして長屋王に対抗するだけの力を得ようと、藤原不比等《ふひと》は次々と娘を後宮に送り込んだ。娘が皇子を生めば、その子が天皇になる可能性が高い。そうすれば外戚として大きな権力を握れると目論んだのである。

不比等は志半ばで没してしまったとはいえ、その野望は、宇合、武智麻呂《むちまろ》、房前《ふささき》、麻呂《まろ》の4人の息子たちに受け継がれていった。

そんな藤原氏に吉報がもたらされたのは、神亀《じんき》4（727）年のことだ。聖武《しょうむ》天皇と不比等の娘・光明子《こうみょうし》の間に念願の皇子（基王《もといおう》）が誕生したのである。基王は生後1カ月という異例の早さで皇太子に立てられた。

ところが、基王は1歳にもならぬうちに病没してしまう。光明子はまだ若く、皇子を生む可能性がないわけではなかったが、藤原氏は焦った。というのも、基王の夭折と相前後して、聖武天皇の妻のひとりである県犬養広刀自《あがたのいぬかいのひろとじ》が男子（安積親王《あさかしんのう》）を出産していたからである。このままでは藤原氏の血を引かない安積親王が立太子してしまう恐れがあった。

それを阻止するために藤原氏は奇策を考え出した。光明子を皇后に擁立しようとしたのである。

後宮には多くの妻たちがおり、家柄によって身分は異なっていたが皇后は別格の存在だった。皇后になってしまえば、あとから生まれた子どもでも、ほかの男子を抑えて皇太子に据えることができる。藤原氏にとって光明子の立后は何としても実現しなければならないものだった。

■長屋王を陥れた罠

しかし、この計画を実行するにあたって目障りな存在があった。それが長屋王である。

じつは、皇族でなければ皇后になることはできないことは律令に定められていた。なぜなら皇后は天皇に万一のことがあった場合には、国政にも携わることになる重要な立場だからだ。

長屋王は、ことのほか律令を重んじることで知られていた。かつて聖武天皇が生母の宮子夫人に「大夫人」という称号を与えようとしたところ、それでは律令の定めとは異なると主張し、「皇太夫人」に改めさせたということもあったほどである。

天皇に対してさえ律令を曲げてはならぬと意見する長屋王である。臣下の娘を皇后に据えるなどということになれば、強硬に反対することは火を見るより明らかだった。実際、藤原氏が光明子を皇后に推すと、長屋王は強く反対した。

そこで、藤原氏は謀反をでっち上げ、長屋王の抹殺を図ったというわけである。

こうして、歴史上はじめて皇族以外の女性が立后した光明皇后が誕生した。そしてその後、藤原一族が朝廷の要職を占めていくことになったのは周知の通りである。

しかし、聖武天皇がこのような密告を簡単に信じてしまったのも不思議な話で、ここに関係しているのが左道だったという見方もある。

基王が亡くなった年、長屋王は両親の供養や聖武天皇の長寿を願って「神亀経」の写経を行っていた。神亀経は道教の思想が反映されたもので、仏教や儒教からみれば異端――つまり左道である。

折悪しく、写経を始めた頃から基王の容態が悪くなり、その死後ほどなくしてすべての写経が終わっている。

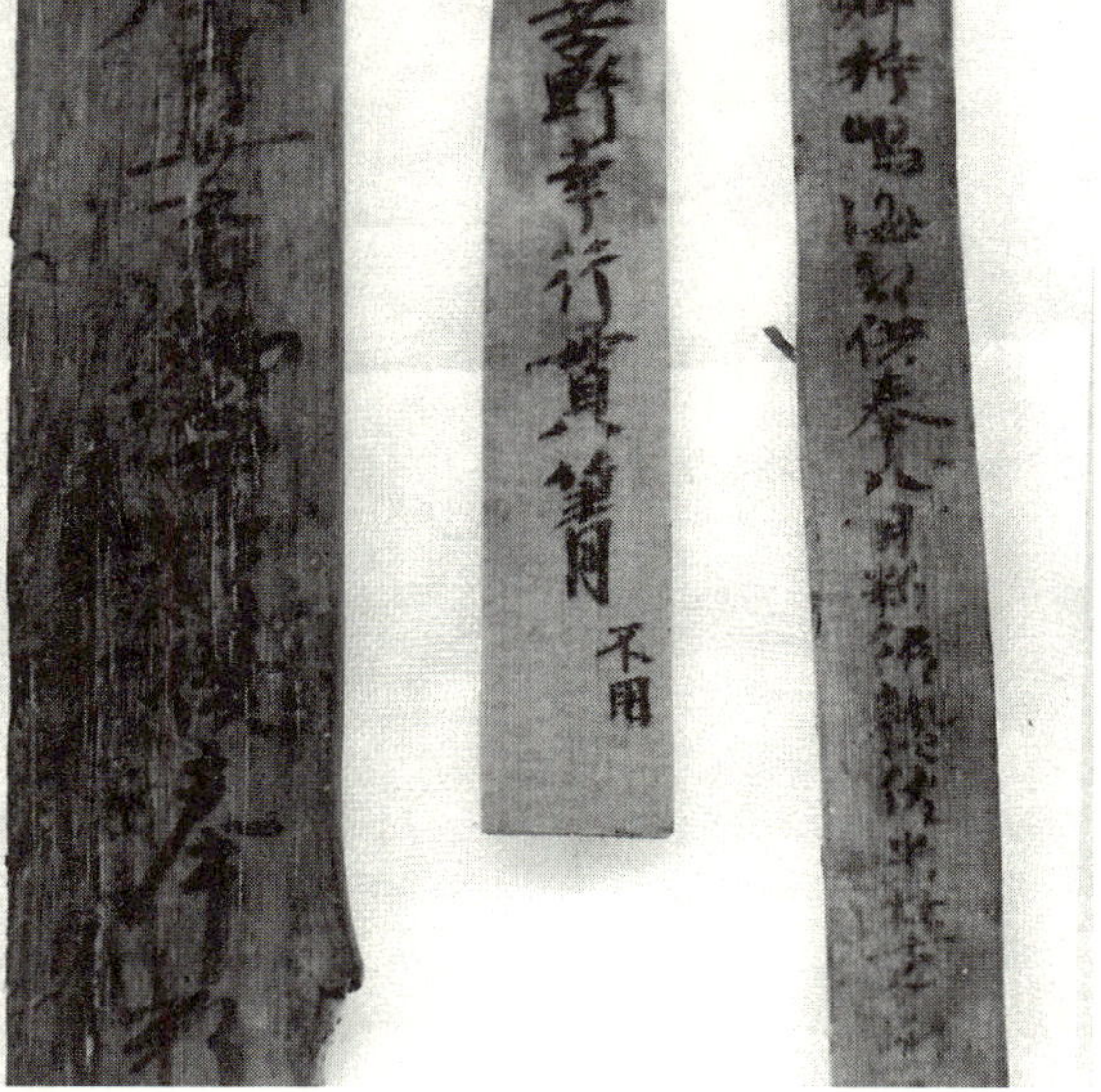

長屋王邸跡から出土した木簡は『続日本紀』を裏付けるものだった

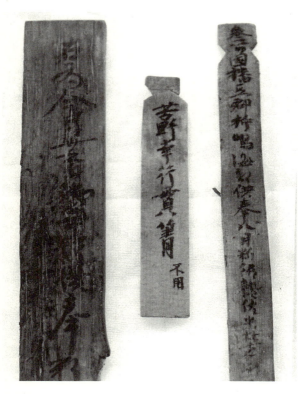

「写経の中に基王を呪う左道の文言を書き連ねていたのだ」と吹き込まれれば、時期的にもぴたりと重なるため聖武天皇も長屋王に不信感を抱く。そこから、左道を使った国家転覆の陰謀もあり得るだろうという結論に達してしまったというのである。

ところで、『続日本紀』の記述によれば、事件から9年後、長屋王に仕えていた者が誣告《ぶこく》の張本人だとして中臣宮処東人を斬り殺している。

誣告とは「偽りを告げた」ことを意味しており、長屋王の一件が冤罪であったことは明らかなようである。

歴史書のどこにも、この密告に藤原氏が関わっていたとは書かれていない。しかし、長屋王と吉備内親王が自害に追い込まれたにもかかわらず、妻のひとりだった不比等の娘とその子どもたちはなぜか何の処分も受けなかったのだ。

長屋王が自害に追い込まれたこの事件は、ライバルを陥れるために藤原氏が仕組んだ罠だったのだろう。

事件の結末が二転、三転…
不可解な「応天門事件」の〝闇〟

■それは応天門の火災で幕を開けた

貞観《じょうがん》8（866）年閏3月10日の夜半、平安京の大内裏正面にそびえる応天門《おうてんもん》が炎上した。日照りが続いていたせいもあって、たちまち紅蓮の炎が門を包み込み、棲鳳《せいほう》と翔鸞《しょうらん》という2つの楼とともに灰燼に帰したのである。

門の周囲にはまったく火の気がなかったため、人々の間では放火ではないかとの噂もささやかれた。

そして、この火災の犯人探しが、のちに朝廷を揺るがすほどの一大疑獄事件を生み出すことになる。世にいう「応天門の変」である。

事件から2カ月後、大納言だった伴善男《とものよしお》が右大臣である藤原良相《よしみ》に「放火犯は左大臣の源信《みなもとのまこと》だ」と密告した。

すぐさまふたりは兵を引き連れて信の屋敷を取り囲む。しかし、事態を知った太政大臣の藤原良房《よしふさ》が信は潔白であると清和《せいわ》天皇に取りなしたため、信は無罪放免となったのである。

ところが、さらに数カ月後、事件は驚きの展開をみせる。今度は、伴善男と中庸《なかつね》の親子こそが真の放火犯だという密告があったのだ。

善男は頑なにこれを否定し続けたが、従者が密告者の娘を殺害するという事件を起こし、取り調べの最中に放火したのは中庸だと白状したことから親子ともども流罪に処せられたのである。

こうして、応天門の変はひとまずの落着となった。

■藤原良房の罠にはめられた伴善男

なにやら灰色の決着という感じもするが、発端となった伴善男の密告はでっちあげだった可能性が高い。

というのも、善男と信は日頃から激しく対立していたのだ。そこで、火災を口実にライバルを罠にはめ、失脚を狙ったのではないかというわけだ。

では、やはり善男が犯人だったのかというと、ことはそう単純ではない。じつは、善男もまた罠にはめられたひとりであり、事件の背後にはもっと大きな〝影の力〟がうごめいていたのではないかとみられているのだ。

その黒幕と目されているのは藤原良房だ。そして、良房が〝狙い〟を定めていたのは伴善男ではなく、弟の藤原良相だったといわれている。

当時、トップの実力者であった良房だが、この時期にはほとんど政務は行っておらず、実際に政治を動かしていたのは左大臣以下の者たちだった。

そんななか、めきめきと力をつけていた右大臣の良相は良房にとって脅威だったのである。

しかも、密告の一件から察するに、良相と善男は協力態勢をとっているようだった。右大臣と大納言が組んだら、それこそ強力な政敵になる。そこで、応天門の火災を利用して排除しようとしたというわけである。

■すべてが自分の権力を維持するための作戦

密告事件の時、源信の窮地を救ったのは良房だった。これは信に恩を売るという意味もあっただろうが、良房自身の事情も深く関係していたといえる。もし、左大臣である信が事件の犯人とされて失脚すれば、その席に良相が座ることは明白だった。

じつは、良房は自分の養子である基経《もとつね》に宗家を継がせたいと考えていた。しかし、基経はまだ31歳で位も低く、良相に対抗できるだけの高位を一足飛びに与えるわけにはいかなかった。

そのため、何としても信には左大臣にとどまってもらわなくてはならなかった。犯人と目された時に手を差し伸べたのはそのためだ。

また、藤原氏は天皇家と血縁を結ぶことで勢力を伸ばしてきた一族だ。清和天皇も良房の孫に当たるが、幼い頃に即位したために良房が外戚として大きな権勢を握っていた。

だが、2年ほど前に天皇は元服をすませており、自らの手で政治を動かす環境は整っていた。

さらに、良房としては実権を握り続けるために養女の入内を画策していたが、なかなか思うようにことは運んでいなかったのだ。

一方、良相の娘はすでに入内していて、清和天皇の寵愛も深かった。この状態で良相の娘に皇子が生まれたら良相は外祖父の地位を手に入れてしまう。良房は焦っていたのだろう。

ここで利用されたのが伴善男だったのだ。

良房の狙い通り、善男やその一族を断罪することで良相の政治力は一気に落ちた。良房は右大臣と大納言という目障りな勢力をまとめて削ぐことにまんまと成功したわけである。

事件以降、左大臣の信は家にこもりがちになり、右大臣の大納言をはじめ多くの加担者が政界から退いたため、天皇の側近として残ったのは良房ただひとりになった。つまり、清和天皇が自分を頼るほかはないような道をつくり上げたのだ。

こうして、良房ははじめて成人の天皇の摂政になったのである。

応天門の変の当事者は伴善男と源信だが、それを陰で巧みに利用したのが良房だったというわけだ。

そしてこれ以降、藤原家の摂関政治が始まることになるのである。

源実朝を暗殺した公暁は〝操り人形〟だったのか

■雪のなかの惨劇

建保《けんぽう》7（1219）年1月、鶴岡八幡宮《つるがおかはちまんぐう》において鎌倉幕府3代将軍源実朝《さねとも》が暗殺された。犯人は、鶴岡八幡宮の別当《べっとう》（長官）で実朝の甥にあたる公暁《くぎょう》である。公暁の父は源頼家《よりいえ》で実朝の兄だった。

当時の模様を記している『愚管抄《ぐかんしょう》』によれば、公暁が刀を振り下ろした際、「親の仇《かたき》はかく討つぞ」と口にしたことになっている。

ということは、公暁にとってこの暗殺は父である源頼家の仇討ちであったということになる。さらにこの仇討ちを探っていくと、誰かが公暁をそそのかして実朝を殺害させたようにもみえてくるのだ。

実朝の暗殺事件が起こったのは1月27日の夜、右大臣に昇進した実朝の就任拝賀の式典が執り行われている最中だった。

『吾妻鏡』や『愚管抄』などの史料によると、この日、鎌倉地方は夜になって60センチほどの雪が積もった。八幡宮はさぞかし静かで厳かな雰囲気だったに違いない。

参列のために京都からやってきた公卿たちが正装で立ち並び、その前を若き右大臣となった28歳の実朝が一礼し、行き過ぎようとした。

その時、暗闇から公暁が現れた。公暁は瞬く間に実朝に襲いかかり、頭上に刀を振り下ろした。次いで、太刀持《たちもち》の役で歩いていた源仲章《なかあき》をも斬り倒した。

将軍の式典とあって当然多くの武士が配備されてはいたが、すべて鳥居の外に控えていた。境内はむろん大騒ぎとなったが、公暁はいとも簡単に実朝の首を取り、騒ぎを聞いて駆けつけてきた武士たちを尻目に雪の中へと逃げ去った——。

というのが事件の一部始終である。

■共犯者は幕府の中枢にいるのか

この実朝暗殺事件は、一般的には父親である2代将軍頼家が実朝の陰謀によって殺されたと信じた公暁が、その仕返しとして実朝を襲ったといわれている。

公暁の父頼家は、専横的なやり方で幕府を混乱に落とし入れたとして修善寺に幽閉されたうえ殺害されているのだ。

これだけなら、実朝暗殺の原因は単なる恨みということになる。

しかし、実朝が死亡したことによって源将軍家の血筋は途絶え、執権職にあった北条《ほうじょう》氏を中心とした新しい時代に入ることになった。

そのため、この「源実朝暗殺事件」は公暁の個人的な恨みによるものではなく、背後に黒幕がいたのではないかとする説が根強い。

有力なのは、やはり北条氏黒幕説だ。実朝を亡きものにすれば、北条氏が政治の実権を握ることができる。そして、それは現実のものとなったのだ。

一方、公暁はといえば、父方の祖母にあたる北条政子《まさこ》の命によって幼い頃から仏門に入り大津で修行している。

鎌倉へは実朝暗殺の2年前に戻り、鶴岡八幡宮寺別当に就任していた。しかし修行の身でありながら、日々ほかの何かに心を奪われている様子だったという。この時、公暁の心にあったのは父の仇を取るという思いだったのかもしれない。

では、世俗から離れて生活していた公暁に父親の非業の死を語り、復讐心をあおった人物とはいったい誰だったのか。

じつは、この事件で公暁の傍らにいた人物がいる。幕府の有力な御家人だった三《み》浦義村《うらよしむら》だ。義村は幕府の中心的人物であり、義村の妻が公暁の乳母であったという点で公暁と深くつながっている。

そして義村もまた、幕府の実権を掌握したいという野望を持っていた。すると、義村こそが暗殺の黒幕ではないかと考えることができる。

もし、義村が黒幕であるならば、企んだ筋書きとはこうだろう。まず公暁に実朝を暗殺させ、公暁を4代将軍として立てる。そして義村は、公暁の背後から幕府の実権を握るというものだ。

それを裏付けるかのように、公暁は鶴岡八幡宮で実朝の首を取ったあと、「いまや我こそは大将軍である。その準備をせよ」と伝えるために三浦家に使者を出しているのだ。

しかし将軍就任の準備がなされるどころか、公暁は義村に差し向けられた討手によって殺されてしまう。

なぜ、暗殺計画を成功させた公暁が義村に殺されなければならなかったのか。これをみる限り義村は暗殺の黒幕ではないように思える。じつは、これには大きな番狂わせがあったと考えられるのだ。

■将軍家断絶を狙ったシナリオの存在

義村のシナリオでは、実朝暗殺は同時に北条義時《よしとき》暗殺計画でなければならなかった。というのは、義村が名実ともに幕府の実権を握るためには、実朝とともに陰で幕府を動かしている義時も排除しなければならないからだ。

ところが、暗殺するはずの義時は式典の直前になって「気分がすぐれない」と言ってなぜか自宅に引き上げてしまうのだ。そして、その代わりを源仲章が務めて犠牲となってしまったのである。

公暁自身も義時が式典に出席していないのを知らなかった。のちに公暁は仲章を「義時だと思って殺した」と述懐している。つまり公暁は実朝と同時に、義時の命をも狙っていたことは間違いない。

実朝と義時のふたりを亡きものにしなければ、義村の野望は達成されない。狙っていたポストに就けなくなってしまった義村は、保身のために公暁を裏切りあっさりと殺害してしまった可能性がある。

また、公暁に仇討ちをそそのかした人物として義時を挙げ、この説を有力視する歴史家もいる。

義時は13歳で将軍となった実朝を幕府の象徴にすると、実朝の母である北条政子とともに実際の政治を動かしている。北条氏は実力ある権力者であり、名実ともに天下を取りたいという野心もあったはずだ。

じつは、この説は義時が式典出席を突然取りやめたことがその証拠となる。つまり、義時は公暁が実朝を暗殺することを知っていたため、わざと出席しなかった可能性があるというのだ。

また、実朝の暗殺後に公暁も亡き者にすることは、初代征夷大将軍・源頼朝《よりとも》の直系が滅びることを意味する。鎌倉幕府の開府以来続いてきた源家の政治支配が終わりを告げることになるのだ。

果たしてこれらは偶然なのか、それとも巧みに仕組まれた将軍家断絶を狙った暗殺なのか。真相については闇のなかである。

「本能寺の変」の舞台裏に潜む黒い〝影〟の正体

■敵は本能寺にあり

明智光秀《あけちみつひで》率いる1万3000の軍勢が居城である丹波亀山城《たんばかめやま》を出発したのは、天正《てんしょう》10（1582）年6月1日の夜のことだ。

毛利《もうり》攻めを行っている羽柴秀吉《はしばひでよし》（のちの豊臣秀吉《とよとみひでよし》）の援軍のため、備中《びっちゅう》高松城へ向かうように主君織田信長《おだのぶなが》から命じられた光秀の軍勢は夜を徹して進軍する。

山陰道を通って京都との国境である老ノ坂を越え、やがて沓掛《くつかけ》にまで差しかかった時だった。この先の道は、右に向かえば秀吉のいる中国地方へとつながり、左に向かえば信長が滞在する京都本能寺へと通じている。

本来であれば右に向かうべきところだが、しかしこの時、光秀は進路を右には取らなかった。将兵には出征前の陣容を信長に見せるのだと告げ、そのまま左へと進

信長を暗殺したものの天下にあと一歩届かなかった明智光秀

軍して桂川を渡ったのである。

「敵は本能寺にあり」。

まもなく光秀は信長に対する叛意《はんい》を明らかにする。全軍に京都四条西洞院《しじょうにしのとういん》の本能寺にいる信長襲撃を命じ、6月2日の早暁、本能寺を完全に包囲したのだ。

一方この時、信長が従えていたのはわずか20人から30人ほどの近侍《きんじ》にすぎなかった。外から聞こえる鬨《とき》の声で眠りから覚めた信長は、襲撃してきた相手が光秀だと聞いて耳を疑ったことだろう。

防備などない本能寺はあっという間に明智軍に攻め入られる。信長側も少ない手勢で応戦したものの森蘭丸《もりらんまる》をはじめとする供の者は次々と斬られ、ついには信長も自害を決意する。

火が放たれて燃えさかる本能寺で、激動の生涯を終えることになった信長。時に49歳。天下統一まで、あと一歩というところだった。

本能寺にほど近い妙覚寺《みょうかくじ》に宿泊していた信長の息子・信忠《のぶただ》も二条御所へと移って明智軍を相手に奮戦したが、同じく手勢が圧倒的に少なく、まもなく自害に追い込まれている。

■信長に対する積年の「怨恨」か

それにしても光秀はなぜ信長を襲ったのだろうか。「本能寺の変」の最大の謎である光秀の謀反の真意については現在まで多くの説が唱えられてきた。

もっとも知られているのが「怨恨説」だ。たしかに光秀が信長に対して恨みを抱いたとされる根拠はひとつだけではない。

まず、丹波の八上城を攻略する際に起こった事件。この時、光秀の母は信長に見殺しにされたといわれている。本能寺の変から遡ること3年前、八上城の波多野秀《はたのひで》治《はる》兄弟を攻めあぐねた光秀は自分の母を人質として差し出して講和を成立させ、まもなくふたりを捕えて信長に差し出したのだ。

ところが、信長は人質である光秀の母など構うことなくふたりを殺してしまったのである。講和を破られた波多野の家臣が激怒したのはいうまでもない。結果として光秀の母も波多野の家臣に殺されてしまう。

つまり光秀は、信長によって母親を見殺しにされたという恨みがあったわけだ。

また、甲州武田を滅ぼしたあとの祝宴では「これで我らも骨を折った甲斐があった」と述べた光秀に対して、信長が「お前がどこで骨を折ったというのだ！」と罵倒し満座のなかで光秀を殴ったといわれる。

さらに本能寺の変の直前にも事件は起こっている。信長から徳川家康の接待を命じられた光秀だったが、その接待ぶりの悪さを信長から責められ、接待役を罷免されて中国出陣を命じられたのである。

ほかにも怨恨の原因となるような話はいくつもある。一つひとつは小さな事件だが、これらが積年の恨みとなって光秀を追い詰めていった可能性は高い。

こうした信長に対する光秀の怒りが頂点に達した時に引き起こされたのが、本能寺の変だったというわけである。

■光秀の「野望」だったのか

また、もうひとつ有力とされるのが光秀の「野望説」である。戦国武将なら誰しも天下を取ってみたいと望むところだ。そこに千載一遇の好機が訪れたら「このチャンスを逃すものか」と飛びつくのは当然である。

それを裏付けるように本能寺の変の3日前、光秀は連歌の会でこんな句を詠んでいる。

「ときは今、あめが下しる五月かな」

この「とき」とは「時」と光秀の本姓である「土岐《とき》」氏をかけたものだといわれている。また「あめ」は「雨」と天下を指す「天」をかけたものだとすると、この句には光秀が自ら天下を治めようという意思が込められているとも読める。

もともと信長と光秀の考え方には大きな違いがあった。そのうえ将軍の追放や比叡山の焼き討ちなど信長の暴挙は、教養人である光秀にとって次第に我慢しがたいものになっていたに違いない。

ポルトガルの宣教師ルイス・フロイスによると信長は日本の「王」を目指していたと伝えられ、天下統一後は国王になろうとしていた節もある。

そんな信長の強引なやり方に危機感を覚えた光秀が、機会さえあれば自分が信長を討ち取って世を平定しようと考えたとしても不思議ではない。

本能寺の変が起こった時、秀吉は中国攻めを行っており家康はわずかな近侍と堺見物をしている。ほかの有力武将も京都周辺にほとんどおらず、当の信長も供の者はわずかしか従えていない。

そして光秀自身はといえば、京都のほど近くで1万3000の軍勢を率いている……。この二度とはない好機が光秀の密かな野望に火をつけ、本能寺の変へと駆り立てたのか。

■後ろで糸をひいていた人物の正体

次に噂されるのが「黒幕説」である。

光秀が単独で行動を起こしたのではなく、黒幕ないし共謀者の画策があったのではないかというのである。

たとえば、豊臣秀吉。彼は本能寺の変が起こると即座に毛利と和睦し、驚異のスピードで備中から京都へと舞い戻っている。

これはのちに「中国大返し」と呼ばれるが、同じく遠方にいたほかの有力武将に大きな差をつけて駆けつけられたのには何か仕掛けがあり、計画的なものだったからに違いないといわれているのだ。

たしかに、信長の死によってもっとも利益を得たのは秀吉にほかならない。そのことを考え合わせれば、秀吉黒幕説も十分に検討の余地がある。

やがて天下に君臨する徳川家康《とくがわいえやす》が怪しいという説もある。家康はかつて信長の謀略により妻の築山殿《つきやまどの》を処刑し、息子の信康《のぶやす》に切腹を命じている。その恨みと天下人への野望、信長への脅威などから本能寺の変に何らかの関与をしていたのではないかと噂される。

本能寺の変があった朝、家康は早急に滞在していた堺を脱出。落ち武者狩りが横行している危険な山路を越えて、わずか３日で本国の三河《みかわ》へと辿り着いている。このいわゆる「神君伊賀越え《しんくんいがごえ》」は家康最大の危機のひとつだといわれるが、じつは、この伊賀越えが前もって準備されていたものなら道中を無事に逃げ切れたのも当然である。

さらには、光秀の重臣だった斉藤利三《さいとうとしみつ》の娘お福（春日局《かすがのつぼね》）がのちに３代将軍徳川家光《いえみつ》の乳母になっていることも注目に値する。謀反を起こした明智氏の関係者を将軍となるべき子どもの乳母にするだろうか、何らかの恩義があってのことだと考えると家康と光秀のつながりも見えてくる。

そして、もうひとり黒幕の有力候補に室町幕府15代将軍・足利義昭《あしかがよしあき》がいる。義昭は信長の協力のもと将軍の座に就いたが、将軍の権力を押さえ込もうとする信長と対立。信長に対して二度にわたって挙兵するが、結果として捕えられ京都から追放されている。一般的に、室町幕府はこの時点で滅亡したとされる。

これらの恨みから、義昭が追放後も虎視眈々《こしたんたん》と打倒信長を画策していたとしてもおかしくはない。しかも、義昭は光秀が信長の家臣になる前に仕えていた主君である。光秀がかつての主君を返り咲かせるためにひと肌脱ぐことは十分ありうる。

前述したように、信長と光秀では政治に対する考え方に大きな違いがあった。伝統的な権威や秩序を否定し急進的な改革を進める信長に対して、光秀は室町幕府を再興して安定した治世を実現することを理想としていた。光秀の理想のためには、信長より義昭のもとで天下統一を目指したほうが都合はいいのである。

ただし、今のところどの説にも確たる証拠はない。これ以外にも黒幕説には、織田軍の侵攻が間近に迫っていた四国の長宗我部元親《ちょうそかべもとちか》説、信長にその存在を脅かされていた朝廷説、当時中国攻めにあっていた毛利説、商業上での利害があった堺商人説、本願寺などの宗教勢力説などがあり枚挙に暇《いとま》がない。

ただひとついえるのは、信長の首を取りたいと望んでいた人物が光秀だけでなかったことはたしかなのである。

織田信長が暗殺された本能寺の変の闇は深い

伊達政宗暗殺未遂事件の裏にある伊達氏の複雑な〝人間関係図〟

■生みの母に毒殺されかけた政宗

戦国時代には親子や兄弟など肉親同士で命を奪いあうこともめずらしくはなかったが、東北の実力者だった伊達政宗《だてまさむね》は、何と実の母親に暗殺されそうになったといわれている。

天正18（1590）年のことだ。政宗は豊臣秀吉の命令に従い、北条氏征伐のため小田原に向けて出発することになっていた。

当時、秀吉はすでに関東以西を我がものとしつつあり、小田原征伐は重要な攻防となるはずだった。秀吉の命令に従って、東北の武将たちの多くが早くも小田原に駆けつけていた。

政宗としてもこの小田原行きを無視することはできない。秀吉を敵に回すような

伊達政宗暗殺未遂事件の背後にある人間関係とは？

ことになれば、伊達家の存亡にも関わってくる。政宗は、大きな決意をもってこの小田原征伐に加わったといわれる。

出発の前に政宗は、母の義姫《よしひめ》に食事をふるまわれる。旅立ちの前に母と食事をするというのは何も不自然なことではない。当然のことながら政宗も何の疑いもなく箸を動かしていた。

しかし、食事が始まって間もなく異変が起こった。政宗が激しい腹痛にのたうちまわり始めたのだ。

急いで家臣らによって処置をほどこされたために一命は取り留めたものの、そのまま放っておかれれば一大事になるところだった。

しかも、この事件の犯人とされるのが母の義姫なのだ。なぜ、実の母がわが子を殺そうとしたのだろうか。一般的に知られている政宗暗殺未遂事件のあらましを追ってみよう。

義姫は、伊達家の勢力争いの相手でもある出羽《でわ》の最上義守《もがみよしもり》の娘だが、伊達輝宗《てるむね》に嫁ぎ、梵天丸《ぼんてんまる》、竺丸《じくまる》というふたりの男子を産んでいる。

このうち、幼い頃の病気のために片方の目の視力を失ってしまった梵天丸こそが、のちの伊達政宗である。

義姫は、隻眼のために性格的に屈折していた政宗を嫌い、次男の竺丸を溺愛した。そして、竺丸に家督を継がせたいという母親の歪んだ愛情が政宗毒殺の陰謀へと発展し、それがついに実行されたのである。

何とか死を逃れた政宗は身を守るためにすぐに竺丸を殺し、義姫はその後、出奔したとされる。

しかし、この事件には裏があるといわれている。その根拠は、果たして義姫は本当に殺したいほど政宗を嫌っていたのかということだ。

義姫は「奥羽の鬼姫」とよばれるほどの男勝りの性格だった。しかし、だからといって実の息子を殺すというのは常識的には考えにくい。

しかも、義姫には、隻眼の政宗に対しても次男と同様に深い愛情を抱いていたことを示すひとつの出来事がある。

■義姫を背後で操っていたのは実の兄？

義姫の実家である最上家には大崎《おおさき》家という血縁者があり、かつてこの大崎家の配下にあった氏家吉継《うじいえよしつぐ》が離反して戦闘になったことがある。

当然、最上家は大崎家を支援したが、一方の氏家家は伊達家を頼った。天正16（1588）年のことである。最上家と伊達家の間で合戦になると知り、義姫は自ら戦場へとおもむいた。

この時対峙していたのは、義姫の実の兄である最上義光《よしあき》と実の子である伊達政宗だ。

どちらが勝つにしても、義姫にとっては血を分けた人間を失うことになる。それを避けたいと考えた義姫は、戦場で両者が対峙する中間点に居座った。そのために義光も政宗も動きがとれず、結局両者とも兵を退けたのである。

いってみれば、義姫は自分の命を張ってまで兄と息子を救ったのだ。そこまでする義姫が政宗を暗殺しようなどと考えるだろうか。

じつはこのほかにも、戦場にいる息子を気遣った母義姫の手紙などが残されている。そこに書かれた細やかな気遣いなどをみると、その後わが子を殺めようとした母親とはとうてい結びつかないほどの愛情が感じられるのだ。

義姫のこのような姿勢から新たに浮上しているのが、最上義光の黒幕説だ。

義光の立場から考えれば、父の輝政にかわいがられていた政宗が亡きものになり、代わりに義姫が溺愛している竺丸が伊達家を継げば、妹義姫を通して伊達家を自分の思いのままに操ることができる。

つまり、妹をそそのかして政宗暗殺を企てるだけの動機は十分にあったということだ。

のちに書かれた伊達家の正史である『貞山《ていざん》公治家記録』には、政宗暗殺未遂のことが記されている。

そのなかでも、政宗の母親が弟に家督を継がせるために自分を毒殺しようとしたことに衝撃を受けたことに加え、その背後に最上義光の陰謀があったのではないかと疑っていたことが暗示されている。

真相ははっきりとはしないが、この暗殺未遂事件以降も義姫と政宗は頻繁に手紙をやりとりしたり、政宗の出陣の際に義姫が着物を送るなど親子関係が続いていることがわかっている。

それを考えれば、やはり母による毒殺未遂事件という衝撃的な事件には裏があると考えたほうがむしろ自然に思えてくるのである。

大久保長安一族を襲った〝悲劇〟、その知られざる真相

■態度を大きく変えた家康

大久保長安《おおくぼながやす》はもともとは武田《たけだ》氏の家臣だったが、天正10（1582）年に武田氏が滅びると今度は徳川家に召し抱えられ、すぐに頭角を現した。家康が関東に入ると代官頭に抜擢され、江戸幕府草創期における財政問題や産業振興などの重要な仕事で大きな働きをみせている。

「関ヶ原の戦い」以降は、関東はもちろん、信濃、美濃、越後、佐渡など広い範囲で活動し、江戸幕府が開かれると石見、佐渡、伊豆の金山や銀山の開発を手がけて目覚ましい成果を上げ、幕府の財政に大きく貢献した。その後は幕府奉行衆に加えられ、東海道や中山道宿駅制の設置など大事業に参画している。

いってみれば、政治家として有能であり、それが家康に認められて次々と大きな

仕事を任されてきたやり手なのである。

長安は、慶長《けいちょう》18（1613）年に69歳で没しているが、当然その死後には一族が優遇されるのが当然と思われる。

ところが、実際はまったくの逆だった。生前はその高い能力を認め、重用していたにもかかわらず、家康は態度を180度変えてしまったのだ。

まず、長安自身の葬儀が行われなかった。また、莫大な遺産はすべて没収の憂き目に遭っている。さらに7人もいた遺子たちは、家康の命令で切腹させられてしまう。そして、親類縁者は相次いで改易となるのだ。

あまりにも極端な家康の豹変ぶりだが、そこには理由があった。

じつは長安の死後、長安が生前に金銀を隠匿するなどして不正に蓄財していたことが発覚したのだ。これは家康にしてみれば大きな反逆であり裏切り行為である。この一事をもって、長安の生前の功績はすべてなかったことになったのだ。

■ライバル本多正信が黒幕だったのか？

ただし、これが果たしてどこまで真実なのかはわからない。なかには、もっと別の理由があったのではないかとする説もある。

そんななかでも注目すべきは、ある人物の作意が働いているのではないかという説だ。

その人物とは、本多正信《ほんだまさのぶ》である。

その頃幕府の内部では、将軍秀忠の江戸総奉行である大久保忠隣《ただちか》と、駿府の家康のブレーンともいうべき本多正信のふたりが反目し勢力争いをしていた。その大久保忠隣の庇護を受けていたのが長安だったのだ。

本多正信は、何とかして忠隣を弱体化したかった。そこで、その一派のなかでも特に優れた人材である長安に目をつけたのだ。

長安の評価を貶めれば当然のことながら忠隣の勢いも弱まる。本多正信は、それを狙ったということになるのだが……。

なお、大久保忠隣も長安事件の影響で結局は改易され、近江へ追放された。その結果、幕府内の大久保一派は一掃され、本多正信の力が絶対的なものになった。

もし、一連のこれらの動きが本多正信の陰謀によるものだとしたら、その狙いは十分に果たされたことになるのだが、果たして真実はどこにあるのだろうか。

鎖国を決断した幕府の背後に見え隠れするオランダの〝影〟

■アジア貿易の情勢が大きく変化する時代

鎖国について、歴史の教科書では政権の安定を目指す幕府が国内でキリスト教が広まることを警戒し、それを食い止めるために諸外国との外交や貿易を制限した政策と説明されている。

それは、あたかも幕府の判断によって諸外国に対して一方的に門戸を閉ざしたかのような印象を与えるが、実際には国によって事情が異なり、それほど簡単ではなかった。

そのような前提に立ってあらためて鎖国に至る経緯をみると、じつはある国が鎖国完成の黒幕ともいうべき役割を果たしていたことがわかってくる。

それはオランダだ。当時は大航海時代の真っただ中であり、アジアに進出したヨーロッパ諸国は日本にも近づき、互いに覇権争いをしながら貿易を行っていた。

そんななかで最初に脱落したのはイギリスだった。

1623年に「アンボイナ事件」（インドネシアで香料貿易をめぐってイギリスとオランダが衝突した事件）でオランダに敗北し、アジア地域における主導権争いで敗れたため、平戸商館を閉鎖して日本からも撤退してしまったのだ。

またスペインは、メキシコの銀山の開発に力を入れることを決め、日本からは完全に手を引いてしまう。

ちょうどその頃、中国もまた「海禁政策」を打ち立てて海外貿易を閉ざしてしまう。これにより、ヨーロッパ諸国からすれば莫大なアジア市場が一気に冷え込むことになった。徳川家康の時代とはそうした世界情勢だったのだ。

そんななか、なおも積極的に貿易を行っている国があった。ポルトガルだ。天正12（1543）年に種子島に漂着したポルトガル人から鉄砲が伝来し、その後さらにキリスト教が伝えられると、ポルトガルと日本との間で積極的に貿易が始まった。

江戸時代になると、ポルトガル人の数がさらに増え、それにつれてキリスト教も広まっていった。もちろん幕府は、貿易は歓迎したもののキリシタンが増えることは何とかして抑え込みたいと考えていた。

そこで寛永《かんえい》12（1635）年に日本人の海外渡航を禁じ、ポルトガル人を隔離するために長崎に出島をつくるのである。

しかしいくら隔離しても、キリスト教が広まるのを止めることはできない。貿易はしたいが、布教は食い止めたい幕府は揺れ動いた。

■島原の乱で砲撃を加えた国とは？

そんな時に起こったのが「島原《しまばら》の乱」だった。キリシタンの大規模な反乱である島原の乱は幕府に大きなショックを与えたが、この乱の間に思いがけない行動に出た国があった。それがオランダである。わざわざ船を出し、キリシタンの農民たちが立てこもる原城《はらじょう》に向かって砲撃したのである。

日本が警戒していたのは積極的に布教活動を行うカトリックだった。ところがオランダはプロテスタントであり、布教活動は行わなかった。それどころか、島原の乱では積極的に幕府に加勢をしている。幕府にとってオランダは何の心配もいらない相手となった。その後、島原の乱にショックを受けた幕府は、寛永16（163

9）年にポルトガル人を追放して貿易を禁止するのである。
そして代わりに、オランダ人を出島に招くことを決めるのだ。寛永18（164 1）年には、もともと平戸にあったオランダ商館を出島に移し、これ以後200年以上にわたってここを舞台にした日本とオランダとの貿易が展開するのである。

その背景には、スペインやポルトガルには領土的野心がある、つまり、いずれは日本を自国の領土にしようとしているとオランダが幕府に吹き込んだことがあるといわれている。

これは幕府を大きく動かすことになる。領土的野心など幕府にしてみれば、国の存亡そのものも揺るがしかねない一大事だ。

とはいえ、もちろん幕府にしても海外貿易によってもたらされる海外の文物や利益は捨てがたい。そこで、貿易と宗教とを完全に分離して考えていたオランダとの関係だけは続けようと判断したのだ。

見方を変えれば、オランダが積極的に日本との貿易を望み、ほかの国の領土的野心について警告したことが、鎖国体制の完成の決定的なきっかけになったのである。

将軍の実弟「徳川忠長」が壮絶な自害を遂げるまで

■両親から溺愛された将軍の弟

江戸に幕府を開いてから15代続いた徳川将軍家。その第３代将軍といえば家光である。父は第2代将軍の秀忠《ひでただ》、母は織田信長筋のお江与《えよ》、幼少のみぎりには乳母として春日局《かすがのつぼね》が仕えていたのはあまりにも有名な話だ。

その家光は自身が20歳で将軍の座に就いた時、外様大名を前にこう言い放ったという。「私は生まれながらの将軍である」と。

この言葉からは家光の将軍職に対するプライドがひしひしと伝わってくるが、一方でそこには子どもの頃から続く兄弟の確執が秘められている。

その確執の相手とは、同じ両親から生まれた実弟の忠長《ただなが》である。忠長は家光の2歳下で、慶長11（１６０６）年に誕生した。幼少時、家光は竹千代《たけちよ》、忠長は国松《くにまつ》とそれぞれ呼ばれていた。

ふたりの上には長男がいたが2歳で早世した。そのためか、病弱な竹千代は春日局によってひときわ厳しく育てられた。

一方、外見も愛らしく利発な国松は秀忠やお江与に溺愛されて育つ。いつしか重臣たちの間では「もしや次期将軍は国松ではないか」という噂さえ流れるようになるのだ。

それを案じた春日局が家康に直訴すると、結局は予定通り家光が跡取りとなるのだが、ここから兄弟はまったく異なる人生を歩むことになってしまうのである。

その証拠にというわけではないが、忠長の墓所は江戸から遠く離れた群馬の高崎《たかさき》にある。将軍家の息子がいったいなぜそのような場所で孤独のまま眠りにつくことになってしまったのだろうか。

■たび重なる乱行で高崎城に幽閉
忠長は幼い頃に甲斐《かい》18万石を与えられ、甲府《こうふ》藩主として元服した。のちに小諸《こもろ》も領地に加えられ、家康の死後にはいよいよ大名として取り立てられるようになる。

元和《げんな》９（１６２３）年、家光が正式に将軍職に就くと、翌年には駿河《するが》と遠江《とおとうみ》55万石が忠長に与えられ「駿河大納言」の異名をとるまでになる。駿河はいわずと知れた家康ゆかりの地だ。それを思えば異例ともいえる厚遇である。

しかし、これが幼い頃から甘やかされて育った忠長をさらに増長させてしまったのだろうか。次第に忠長には、周囲を戸惑わせるばかりか自らの運命をも狂わせる言動が目立つようになるのである。

たとえば、当時殺生が禁じられていた駿河の浅間《せんげん》山で突然猿狩りをすると言い出し、群臣たちの反対も聞かず１２００匹もの猿を捕獲したとか、その帰途で輿《こし》を担いでいた男を急に背後から斬ったとか、あるいは、さしたる理由もなく小姓や農民の首を斬り落とすといった不可思議かつ残酷なエピソードがある。

さらに兄に対する対抗心が強く野心家で、父の秀忠には唐突に「大坂城が欲しい」といった主旨の手紙を送ったりもした。

当時、大坂城を治めるということは西日本の多くを支配することを意味しており、すなわち忠長は幕府に対して仰天の要望をしたことになる。

こうした態度に、いよいよ幕府方の堪忍袋の緒が切れた。忠長は領地を没収され、甲斐に蟄居させられるのである。

さらに父の秀忠が死去すると、家光は「言行粗暴、大逆不動」の罪により忠長を改易《かいえき》した。そして馬1頭、槍1本、そしてわずかな兵だけをつけ、高崎城に幽閉してしまうのである。これは徳川一門の大名の処遇としては厳罰に近いといっていいだろう。

■自刃に果てた忠長の心中とは

その後、高崎城主の安藤重長《あんどうしげなが》はたびたび忠長の赦免を嘆願するが、いっこうに叶わない。それどころか家光は重長を通じて自害させるよう通達してきたのだ。

幼少期に両親を独占された恨みもあったのだろう。忠長が家光に反発するように、自らを「生まれながらの将軍」と言い切る家光もまた忠長を受け入れられず、兄弟の間にできたしこりは最後まで消えることはなかったのだ。

寛永10（1633）年、家光の指示を受けた重長は忠長の館を鹿垣《ししがき》で囲う。そのただならぬ様子ですべてを察したのか、忠長はふたりの女童《めのわらわ》だけを残して酒を飲み始めた。

そしてひとりには酒の温め直しを、もうひとりには肴を持ってくるよう命じて部屋の外へと出した。彼女たちが支度を整えて部屋へ戻ると、そこには白い小袖の上に黒の紋付をかけて忠長が臥せっていたが、袖は真っ赤な血に染まりすでに息絶えていた。

お供の武士が慌てて駆けつけるとその喉は深く刀で貫かれていたという。まだ28歳の若さだった。

死の前から身辺整理を行っていたというから覚悟の自殺だったことは想像に難くない。

未婚だった忠長の亡骸はそのまま高崎の大信寺《だいしんじ》に葬られた。だが、正式な墓所が造られたのは第４代家綱《いえつな》の免罪後で、その凄惨な死から43年も経ってからのことだった。

「宇都宮吊り天井事件」に顕れた幕府の裏事情

いる。

■事件の発端になったある出来事

「宇都宮吊り天井事件」といえば、江戸時代屈指の奇怪な事件としてよく知られている。

元和8（1622）年4月、将軍徳川秀忠は亡き父家康の7回忌のために日光社参を行った。事件の舞台となる宇都宮城はその日光社参の順路にあたる。

この参詣で秀忠は日光からの帰り、宇都宮城に宿泊する予定になっていた。そのため、宇都宮城主である本多正純《まさずみ》は将軍を迎えるにあたり、事前に城の改造・修復まで行っていた。宇都宮城には秀忠のために特別な宿舎まで造られていたという。

ところが秀忠は突如として予定を変更し、宇都宮城へは寄らずに急遽、江戸へ帰ってしまったのである。

ともあれ、それからまもなくして正純に思いがけない事態が起こった。

秀忠の日光社参から4カ月が経った同年8月、出羽山形の最上義俊《よしとし》が改易され、失脚したために正純は山形城の受け取りを命じられて現地に赴いた。そこで突然、正純自身も改易処分を言い渡されるのである。

宇都宮城の本丸石垣の無断修理や鉄砲の秘密鋳造、加えて将軍秀忠の暗殺を画策したという謀反の疑いなど11カ条にもわたる嫌疑がかけられ、所領を取り上げられて失脚してしまうのである。

そしてこの正純の突然の改易と、秀忠が日光からの帰途に急遽江戸城に帰ってしまったという事実を合わせて、ある事件の噂がまことしやかに囁かれた。それが世にいう「宇都宮吊り天井事件」である。

問題の吊り天井は寝所に仕掛けられていたとも、湯殿に仕掛けられていたとも伝えられるが、真相は定かではない。

いずれにしろ、秀忠は事前にこの情報を入手したため宇都宮城には宿泊せずに難を逃れたとされる。

一方の正純は15万5000石あった所領を没収のうえ出羽国由利《ゆり》（秋田県由利本

荘市）に配流され、代わりとして5万5０００石を与えるという処分が下された。

3分の1に減ったとはいえ5万5０００石はそれなりの禄高である。ところが、正純はこの禄を断固として受け取らなかった。

なぜなら、正純はこれまで幕府のために懸命に奉仕こそすれ、改易などという刑罰を受けるようなことをした覚えはなかったからだ。

さらには秀忠への謀反など、まったくの寝耳に水だったようである。禄を固辞したのは身の潔白を証明するためと、幕府の仕打ちに対する怒りの表れだったと思われる。

では、もし正純が謀反を企てていないとすれば、なぜ宇都宮吊り天井事件などという突飛な暗殺話が持ち上がったのだろうか。

じつは、この裏には幕府の巧みな陰謀があったといわれている。

■妬まれていた本多正純

正純の父は徳川家康の片腕として活躍した本多正信である。このため正純も家康から重用され、幕閣《ばっかく》の上位を占めるようになるのだが、この親子には考え方に多少の違いがあった。

正信はどちらかというと無欲なほうで、家康がたびたび加増しようとしてもこれをけっして受け取らず、生前の禄はわずかなものだった。

というのも、周囲の嫉妬を買うのを恐れたからである。正信は正純に対しても「権力と禄はけっして合わせ持ってはいけない」と常々言い聞かせていた。地位があっても金がなければ同僚の大名もさほど妬みはしない。だが、地位も金も手に入れれば周囲は必ず嫉妬するようになるという。

しかし、息子の正純はこの言いつけを守らず、権力も禄も欲してしまった。父の生前は下野《しもつけ》国小山（栃木県小山市）3万3000石に甘んじていた正純だったが、元和2（1616）年に家康と正信が相次いで亡くなると年寄衆《としよりしゅう》のひとりとなり、その3年後には譜代《ふだい》大名として破格の宇都宮15万5000石を与えられるのだ。

ほかの年寄衆が3万石程度だったことを考えると、この厚遇は十分に嫉妬される理由となった。先代からの権力と多大な禄――。そのふたつをあわせ持って増長した正純が周囲から反感を買ったのは想像に難くない。

このため、宇都宮吊り天井事件は正純の存在を疎ましく思っていた土井利勝《どいとしかつ》や酒《さか》井忠世《いただよ》らの謀略だったのではないかともいわれている。ふたりは当時、正純と同様に幕閣を構成していた老中である。

また、将軍秀忠にしてみれば先代からの威光を嵩《かさ》に着た正純より、利勝らのほうが使いやすい。また利勝は家康の隠し子だという説があり、もしそうだとすると秀忠の異母兄になる。

ことの真偽はわからないが、いずれにせよ秀忠は利勝を重用した。そのために正純と利勝の間に対立の構図ができあがっていたのである。

こうした状況下で利勝らは巧妙に宇都宮吊り天井事件をでっち上げ、正純が山形に向かっている隙を狙って失脚へと追い込んだのではないかとされている。正純は出先とあって弁明する余地もなく幕閣から締め出されたのである。

■いくつもの「思惑」が重なり合った悲劇

正純失脚に関してはもうひとり、黒幕だったといわれる人物がいる。それは秀忠の姉の加納《かのう》殿（亀姫《かめひめ》）だ。

加納殿は正純が宇都宮に栄転したのにともない、宇都宮から追い出されて下総《しもうさ》古《こ》河《が》（茨城県古河市）に転封させられた奥平忠昌《おくだいらただまさ》の祖母である。

そのうえ加納殿の娘は、かつて本多正信・正純父子の陰謀で失脚させられた大久保忠隣《ただちか》の子、大久保忠常《ただつね》に嫁いでいる。娘や孫の復讐を果たそうと加納殿が画策していたとしてもけっして不思議ではない。

そのため、一説にはこの加納殿が弟である将軍秀忠に「宇都宮城で謀反の疑いがある」、「正純が吊り天井の仕掛けを作って圧殺しようとしている」などと吹き込んだのではないかといわれる。これを信じた秀忠は急遽、宇都宮城に立ち寄ることを中止したのではないか。

また、密告したのは加納殿ではなく、加納殿が土井利勝らに働きかけてあと押ししたということも考えられる。

いずれにせよ、正純の失脚に関しては判然としないことが多く、どれが真相なのかはわからない。

ただ、『徳川実紀《じっき》』には「この人の罪、たしかならず」と記してあり、吊り天井が存在したという確固たる史料も残ってはいない。

さらに、権力も富も手にした正純が今さら将軍を殺して何の得があるのかと考えれば、暗殺計画があまりにも意味のないことだけはわかる。

実際、先代家康の時代から重用されてきた正純を秀忠が目障りに思っていたことも間違いない。秀忠が着々と幕府の新組織を構築していくなかで、旧態依然とした態度の正純は秀忠にとっても煙たい存在だったのである。

とすると、宇都宮吊り天井事件の裏には秀忠の思惑が介在していたと考えるのが妥当だが……。

いずれにしろ正純は改易処分後、5万5000石の禄を固辞した態度が秀忠の怒りを買って出羽国横手へと流罪にされる。73歳で没するまで、その罪は許されることはなかった。

その後、宇都宮城も幕末の戊辰《ぼしん》戦争で激しい攻防の舞台となって建物の多くが焼失。残存していた堀や土塁も都市改造の過程でやがて消滅し、今や当時の面影を偲ぶものはほとんどない。

本当に吊り天井が存在したのかどうかも、もはや知ることはできないのだ。

赤穂浪士討入りの背後に見え隠れする意外な人物

■事実から遠く離れた物語

日本人がもっとも愛する物語のひとつとして知られる赤穂浪士《あこうろうし》の討入り。しかし、現在に伝えられているこの事件は、歌舞伎や小説によって日本人の心情に合致するように脚色された部分も多く、必ずしも事実に忠実というわけではない。

たとえば映画などでは、降りしきる雪の夜、揃いの山形模様の羽織に身を固めた四十七士が大石内蔵助《おおいしくらのすけ》に率いられ山鹿流陣太鼓《やまがりゅうじんだいこ》が打ち響くなか、整然と吉良《きら》邸へと押し入ったかのように描かれることが多い。

しかし実際には積雪はあっても天気は晴れていたし、また陣太鼓はなく、小笛が数本とドラが1丁あっただけである。衣装は火事装束のような黒い衣装に兜や頭巾などをつけていたというのが事実であり、羽織の着用は各自バラバラだった。

また、吉良上野介《こうずけのすけ》は表に引き出されて浪士たちが見守る前で殺害されたと思われがちだが、実際には台所に続く納戸で発見され、表に引っ張り出された時にはすでに息がなかった。発見した間十次郎《はざまじゅうじろう》によってすでに殺されていたのである。

このように赤穂事件は後世に美化されたり単純化されて創り上げられてきたが、じつは事件の発端にはいくつかの異説がある。

不思議なことにこれほど有名な事件であるにもかかわらず、そもそもの討入りの動機には不明な点も少なくないのだ。

■不可解な討入りの動機

一般にもっとも広く知られている討入りの動機となっているのが、元禄《げんろく》14（1701）年3月に起こった江戸城松の廊下での刃傷《にんじょう》事件だ。諸大名や旗本らが勅使《ちょくし》、院使《いんし》の登城を迎える準備をしている最中、播州《ばんしゅう》赤穂藩主浅野内匠頭長矩《あさのたくみのかみながのり》が吉良上野介を斬りつけた事件である。

この時、浅野は「この間の遺恨《いこん》おぼえたるか」と叫んだとされる。江戸城内での刃傷沙汰は世の中を震撼させる大事件だ。すぐに厳重な取り調べが行われたが、浅野は疑われているような乱心ではなく、あくまでも自分が侮辱されたことへの遺恨が原因だと主張する。

激怒した将軍綱吉は浅野に切腹を命令、赤穂浅野家の断絶が決まった。一方の吉良は、何の抵抗もしなかったことがかえって認められ一切の咎《とが》がなかった。これが君主への忠義に厚い四十七士の行動につながったというわけだ。

しかし、よく考えてみれば、これは些細なトラブルだともいえる。こんなちょっとした気持ちの行き違いが、あのような大それた事件につながるのだろうか。ここに忠臣蔵をめぐる大きな謎がひそんでいる。

■吉良が恨みをかった本当の理由

じつは、吉良と浅野との間にはまったく別の背景があったとする説がある。それは製塩事業をめぐる確執だ。

浅野家は常陸国笠間《ひたちのくにかさま》から赤穂へ国替えをした際、赤穂城を建設したことなどで財政難となった。そのため赤穂特産の塩を利用して財政の再建を目指した。

つまり、大規模な塩田開拓を行い、塩の生産から販売までを藩が管理しようというのだ。

このような手法は当時としては斬新なもので、「赤穂流」として全国に広まるほどだった。もちろん赤穂の塩は売上げを伸ばし、財政再建に大きな役割を果たした。

一方、三河湾に面した三州《さんしゅう》吉良でもやはり製塩が行われていた。しかし、吉良の塩は赤穂の塩ほどには売上げが伸びなかった。それは両者の塩に決定的な違いがあったからである。

赤穂の塩は真っ白で質の高いものだった。ところが吉良の塩は赤や黒が混じっていた。これは海水を煮詰める際に鉄釜を用いることが原因だが、塩はもともと「清め」のために使われるほどで白くて清いものが求められた。だから赤や黒が混じる吉良の塩は売れなかったのだ。

吉良は浅野から、白い塩の作り方を聞き出そうとした。しかし浅野は藩の秘密であるとして、けっしてその製法を教えようとしなかった。

そこで吉良は製塩関係者を赤穂に侵入させ、その製法を盗もうとした。つまり、産業スパイを送り込んだのだ。そのうち何人かは捕まって牢屋に入れられたが、何人かは脱走し、吉良に白い塩の製法を伝えた。これをきっかけにして吉良は塩の売上げを伸ばした。

このような背景があり、以前から吉良と浅野の関係は険悪だったといわれる。

しかし、それが両者の関係にどんな影を落としていたかは今では想像するしかない。

さらには、非常に現実味があるように見える「製塩法をめぐるスパイ事件」に関しても、吉良の領地には塩田などなく、製塩をしていた事実はないとする説もある。

では、浅野が吉良に斬りかかった本当の理由は何だったのか。

じつは、もともと浅野は短気で怒りっぽく、はるかに年長者だった吉良と性格的に合わなかったという説がある。また「つかえの病」もあり、癇癪《かんしゃく》を起こしやすく、これが発作的に起こったことによる乱心だという説も根強く残っている。

■幕府は本当に討入りの情報をつかんでいたのか

それにしても、当時の江戸の人々を熱狂させ、さらに時代を超えて今も語り継がれる赤穂浪士の討入りは、ひとつの事件としてはかなり特異なものである。

さらに、刃傷事件から討入りまでは１年９カ月もの期間がある。これほど大それた事件でありながら、なぜ途中で発覚しなかったのだろうか。

江戸幕府は市民の間にスパイを送り込み、幕府への反逆の芽があればすぐに潰すほどのネットワークを築いていた。それは警察国家といってもいいほどの厳しいものだったといわれる。

そのような監視体制のなかで、なぜ2年近くもの間討入りの計画は幕府に知られなかったのか、考えてみればこれもまた不可思議である。

これにも一説がある。

刃傷事件に対して綱吉《つなよし》は一方的に浅野を悪者にして切腹と赤穂城の明け渡しを命じたが、一方の吉良には何の咎めもなかった。この背景には、綱吉自身の将軍継承問題が複雑に影響しているとする説がある。

綱吉が5代将軍を継承する際、京都から宮《みや》将軍を迎えようとする反対派との間で激しく対立した。

その時に反・綱吉派の中心人物であった水戸光圀《みつくに》は南朝支持者だった。そのために綱吉は南朝系に対して深い遺恨を抱いていた。

そして、刃傷事件を起こした浅野は、まさにその南朝系だったのだ。一方の吉良は北朝系である。その事実が綱吉の裁定に影響を及ぼしたとする説は今も根強い。討入り事件を描いて評判となった歌舞伎『仮名手本忠臣蔵《かなでほんちゅうしんぐら》』はわざわざ南北朝時代を舞台にしているが、これもそのことを背景にしたからだといわれる。

しかし庶民感情を考えれば、人情的に肩入れしたくなる浅野側だけを悪者にし、あくまでも吉良寄りの裁定を下した綱吉に対して不満が募ることが十分に考えられる。これが幕府そのものへの反感へと膨れ上がることもありうるだろう。

そこで綱吉は、討入りの計画があることを知りながらも黙認したのではないかといわれている。庶民の不満が為政者への反感になる前に、討入り事件で吉良を潰すことを考えたというわけだ。

これが事実なら、幕府は討入り事件を消極的な意味で支持したことになるわけで、この事件はまったく別の様相を帯びてくることにもなる。

数多くの謎を秘めた赤穂浪士の討入り事件。さまざまな異説が語られ、その真相がすべて判明していなくとも、やはり日本人がもっとも心ひかれる事件であることには違いない。

「絵島生島事件」の裏側で繰り広げられていた壮絶な権力抗争とは

■1500人もの人間が罪に問われる

大奥では多くの事件が起こったが、なかでも最大のスキャンダルといわれるのが、「絵島生島事件《えじまいくしまじけん》」である。

大奥には大年寄という地位があった。これは表向きの老中に匹敵するほどの大きな役職で、大奥女中の総頭ともいうべき地位にあたる。その大年寄だった絵島という女性が、当時人気の歌舞伎役者生島新五郎《しんごろう》と恋愛関係にあることが発覚したのが絵島生島事件だ。

事件の発端は、正徳《しょうとく》4（1714）年正月12日、絵島が月光院《げっこういん》の名代として上野の寛永寺と芝の増上寺に参詣し、その帰り道に木挽町《こびきちょう》の芝居小屋山村座《やまむらざ》に立ち寄って歌舞伎を鑑賞したために、大奥の門限だった午後4時までに帰らなかったことだ。

その後、絵島は芝居のあとに生島新五郎と酒席を持ったことが明らかになり、ふたりの間に密通の関係があったとされた。

実際に男女の関係があったのかどうかは今ではわからない。しかし、これが引き金になり、大きな処罰へと発展するのである。

まず、絵島は死罪、生島新五郎は三宅島に流罪となった。

また、絵島の兄の白井平右衛門は妹の監督責任を問われて斬首になり、絵島の弟とその子どもは追放。月光院派の女中たちは着物や履物を取り上げられて、不浄門である平川門《ひらかわもん》から裸足で追放となった。

さらに、絵島を山村座に案内した奥山喜内は死罪。山村座は廃止となり、座元の山村長太夫《ちょうだゆう》、作者の中村清五郎《なかむらせいごろう》も流罪となった。ほかにもこの事件に関連して遠島、改易、永の暇を下された者は１５００人以上にものぼったといわれる。

ただし、絵島本人は月光院の歎願によって罪一等を減じられ、高遠《たかとお》藩お預けとなった。結局、信州の高遠で61歳で死ぬまでの約30年の年月をつつましい生活のなかで過ごしたといわれている。

■大奥二大勢力の争いが拡大

しかしよく考えてみれば、絵島と生島新五郎との間に密通の関係があったかどうかが判然としない。しかも城に帰るのが遅れたことが事件のきっかけである。事件そのものの全体像も明確ではないのに、1500人もの関係者が罪に問われ、死罪や遠島まで下されたというのはあまりにも大げさすぎるし不可解である。

だいいち、絵島が芝居見物に行くことはあらかじめ了解をとってあった。また、生島新五郎と密会していたという話もあくまでも生島が拷問を受けた末に証言したことであり、絵島自身は最後まで否定している。

事件としてはあまりにもあいまいなのに、下された罰は重すぎるように思える。誰もが、そこには何か別の背後関係があるのではないかと疑ってしまうところだ。

じつは、この絵島生島事件には、必要以上に事件を拡大させた首謀がいるといわれている。まず考えられるのは大奥内の内部抗争説である。

当時、大奥のなかでは天英院《てんえいいん》と月光院とが対立していた。そこには将軍の後継ぎ問題が潜んでいる。

天英院は前の将軍家宣《いえのぶ》の正室で、彼女は男児を産んだが早世してしまった。そのために天英院は将軍の生母という地位を手にすることができなかった。

一方、月光院は家宣の側室ではあったが、彼女の産んだ男児は家宣の後継者となり、７代将軍家継《いえつぐ》となった。

こうなれば、いくら側室だったとしても将軍の生母である月光院の力が強くなる。大奥内でも当然その権勢を振るうようになった。そして絵島は、その月光院のもとで大きな権力を手にしたのである。

そこで月光院の力を少しでも弱めようとした天英院が、絵島生島事件を利用して絵島を追放したのではないかと考えられているのだ。

ただし、天英院という女性は人間的に穏やかな人物であり、このような陰謀を企んで裏から糸を引くという印象からはほど遠いという説もある。

■８代将軍吉宗誕生にも通じている？

しかし、この月光院と天英院との対立の構図に、さらに大きな権力抗争が絡んでくると話は少し変わってくる。じつは、この両者の対立に幕府内の大きな二大勢力の争いが絡んでいるのではないかという説もあるのだ。

それは、側用人の間部詮房《まなべあきふさ》、補佐役の新井白石《あらいはくせき》という、いわば新勢力と、大老の井伊直興《いいなおおき》、老中秋元喬知《あきもとたかとも》という、旧勢力である。

6代将軍家宣と7代将軍家継に仕えて政治を動かす原動力となっていたのは、新勢力である間部と新井だった。そして月光院派はこの新勢力に近かった。

旧勢力である井伊と秋元は、何とかして自分たちに権力を引き戻したいと考えていたが、天英院派はこの旧勢力と結びついていた。

このような対立の構図のなかで、月光院派の絵島が狙われて失脚した。そこには、天英院派と結びついた旧勢力井伊と秋元の意図が働いているというわけだ。

実際、この絵島生島事件のあと、月光院派が弱体化すると同時に新勢力である間部と新井の力も弱まっていく。そして、次期将軍選びの主導権が新勢力から旧勢力に移ったのだ。

結局、8代将軍になったのは旧勢力派によって紀州から招かれた吉宗《よしむね》だった。

これが真実なら、大奥のスキャンダルが次の将軍選びにつながったということになる。それもまた別の意味で大きなスキャンダルである。

「鳥羽・伏見の戦い」を背後で〝演出〟した岩倉具視の戦略

■幕末期最大の戦乱が始まる

戦国時代に繰り広げられた数々の合戦において、数にも武器にも勝る数万という兵を率いた大軍が、わずか数百という敵軍の抵抗に遭い退却を余儀なくされたというケースは少なくない。それらの戦いを振り返ってみると、圧倒的な戦力の差をくつがえすには軍師による思いもよらない戦略と、前線で戦う兵士たちの士気の高さが不可欠であることがわかる。

幕末期最大の戦乱である戊辰戦争の緒戦となった「鳥羽・伏見の戦い」においても、ある戦略が新政府軍を勝利へと導いている。いや、正しくは幕府軍を敗北へと追いやったといったほうがいいだろうか。

徳川慶喜《よしのぶ》が政権を朝廷に返還した慶応《けいおう》３（１８６７）年、「大政奉還」と、それを受けての「王政復古の大号令」によって徳川幕府は終焉を迎え、同時に徳川家には領地の返上が命じられた。

なにしろ、260年以上続いてきた社会の仕組みそのものを変革するのである。新政府が多少強引なやり方になるのもしかたがなかったのかもしれない。

とはいえ、その一方的な政策に幕府諸藩から不満の声が相次いだのも事実だった。

そんななか「薩摩藩邸焼き討ち事件」で、幕府が江戸において薩摩藩に対して攻勢に出たという一件が伝えられると、徳川慶喜以下幕府軍が控えていた大坂城で「薩摩討つべし！」という声が一気に高まる。

そこで、新選組や会津、桑名《くわな》などの藩兵からなる幕府軍約1万5000人の大軍が薩摩討伐のために京都に向け進軍する。これを防ごうとする薩長軍約4500人との間で争われたのが鳥羽・伏見の戦いである。

この戦いは、慶応4（1868）年1月3日から1月6日までというわずか4日の間で行われたものだ。結果からいうと幕府軍は敗れ去ったのだが、この4日の間、幕府側は終始劣勢だったかといえば、じつはそうでもなかったという。

数の上では薩長の倍以上、また幕府軍は連射も可能な最新鋭の銃などを装備して

幕末最大の陰謀家と言われた岩倉具視

いたこともあり、薩長軍の前進を阻止していたのである。

両軍の間で一進一退の攻防が続き、勝敗が決まらないままで迎えた開戦3日目の1月5日のことだ。その戦局は突如として薩長軍有利となってしまう。

薩長に援軍が到着したわけでも、巨大な大砲が何門も配置されたわけでもない。戦火のなかで、薩長軍の頭上にある1枚の旗が掲げられたのがその理由なのだ。

■薩長軍に揚がった「錦の御旗」はニセモノだった⁉

薩長軍が掲げたのはただの旗ではなかった。天皇家の象徴である菊の御紋を刺繍した「錦《にしき》の御旗《みはた》」だったのである。これは朝廷の軍隊であることを示す旗なのだ。

自軍にこの旗がひるがえったのを見た薩長軍は、自分たちは官軍であり、正義は自分たちにあるとしてここぞとばかりに勢いづく。逆に幕府軍は、守るはずだった天皇や朝廷からすでに敵とみなされてしまっていることに落胆し、その士気は見る影もなくなってしまったのだ。

戦う目的を失った軍隊ほど無力なものはない。さらにはこの錦の御旗を見た諸藩が次々と薩長に寝返ったこともあり、幕府軍は総崩れとなっていったのである。

ところがこの錦の御旗は、じつは薩長軍の背後にいた岩倉具視《いわくらともみ》が作らせたレプリカ、つまりニセモノだったのである。

■謀略の限りを尽くした岩倉具視

京都の公家の家に生まれた岩倉には生まれ持ったともいえる政治力があり、若くして朝廷内でも一目置かれる存在だった。

もちろん徳川家が実権を握っている状況を面白く思っておらず、幕末の政権交代の引き金ともなった「王政復古の大号令」を実現させている。

その岩倉が画策したのが「錦旗《きんき》作戦」である。そもそも錦の御旗とは、朝敵である鎌倉幕府討伐に向かう軍に後鳥羽《ごとば》上皇が証として与えたもので、古くから官軍のシンボルだった。ところが実物はすでに残っておらず、どんな旗なのかもわからないままその存在は忘れ去られていたのである。

しかし、幕府を倒すために手段を選ばない岩倉は、国学者の玉松操《たままつみさお》に依頼して史書をもとにデザインを考案させ、そしてついに錦の御旗を完成させたのだ。

事前に幕府側に漏れることのないよう旗の作成は慎重に進められ、旗の素材には偽装のために西陣織の帯地を買って用いたという念の入れようだった。

そんなふうに秘密裏に用意され、京都の薩摩藩邸に隠されていた錦の御旗が戦乱の最中でついに薩長の頭上にひるがえる。そしてその旗は岩倉の思惑どおり、幕府軍に対して絶大な効果を発揮したのである。

ところで、この一件の以前にも岩倉はさまざまな策を繰り出し、幕府に対抗している。前述の王政復古の大号令はもとより、同じく慶応3（1867）年に朝廷から薩摩と長州に下された「討幕の密勅」もそのひとつだ。

武力行使も辞さないこの密勅は、結果的に徳川慶喜が「大政奉還」を行ったために延期されることになる。

ところが、その書面には天皇の直筆の署名がなかったなど不可解な点が少なくなかったといわれている。この密命の背後にも岩倉の存在があったのである。

鳥羽・伏見の戦いのように、徳川幕府が終焉へと向かう過程で起きた数々の動乱から、いかに武家社会が権威や大義名分といったメンタルな部分を支柱にして成立してきたかがみてとれる。それを逆手にとった岩倉の策略は、まさに〝陰謀家〟の名にふさわしいものであったということができよう。

大村益次郎襲撃事件の隠された真相を解く〝手がかり〟

■医者であり、天才的な軍略家だった大村

日本の大きな変革期となった幕末ほど個性豊かな人物たちが次々と登場した時代はない。なかでも大村益次郎《おおむらますじろう》ほど数奇な人生を送った人物はいないだろう。

現在の山口県にあった長州藩で医者の息子として生まれた大村益次郎は、医者で蘭学者でもある緒方洪庵《おがたこうあん》のもとで医学を学び一度は医者になる。

ところが、その傍らで独学で兵学を学び、高杉晋作《たかすぎしんさく》や桂小五郎《かつらこごろう》とともに長州藩での奇兵隊の創設や討幕運動に参加している。そして、「戊辰戦争」が起こるとその天才的な戦略で幕府軍を次々と倒し、官軍を勝利に導いたという人物だ。

その大村も明治《めいじ》2（1869）年、京都滞在中に刺客に襲われて右足に深手を負ってしまう。その場では何とか一命をとりとめたが、手当ての遅れから敗血症にかかり、懸命な処置のかいもなく事件から2カ月後に命を落としてしまった。享年46。軍隊のさらなる洋式化をめざしていた大村を、武士を否定した西洋かぶれと快く思わない旧士族のグループによる犯行だった。

この襲撃事件の犯人はすぐに捕らえられ、その年のうちに処刑されることが当時の警察組織である弾正台《だんじょうだい》から発表されている。

ところが、年末に予定されていた処刑の当日になって、それが突如として延期されてしまうのだ。京都弾正台において長官の地位にあった海江田信義《かいえだのぶよし》という人物が中止命令を下したという。

要人暗殺犯の処刑が執行の当日に中止になるなど前代未聞である。その不可解な一件から、大村襲撃事件に隠された闇の部分がおぼろげながらみえてくるのだ。

■〝西洋かぶれ〟へ恨みを抱いた人物

戊辰戦争での功績が認められて、明治新政府でも陸軍を指揮していた大村は、幕末から明治にかけての数々の戦いに参加している。上野の彰義隊《しょうぎたい》征伐も彼の手によるものだ。

大村益次郎襲撃事件に隠された真相とは？

上野の寛永寺に謹慎する徳川慶喜を警護すべく結成された彰義隊は、慶喜が水戸へ退去した後も寛永寺一帯に立てこもりを続けた。新政府のやり方をよしとしない旧幕府の最後の生き残りが全国から次々と集まり、その数は4000人にも膨れ上がっていた。そこで慶応4（1868）年、新政府軍は寛永寺一帯を包囲し総攻撃を開始するのだ。

大村は当時の最新兵器であったアームストロング砲を2台、今の本郷にある東京大学の高台に設置して砲撃を開始する。砲弾は不忍池を越えて上野の山に次々と打ち込まれ、火力で優る新政府軍はわずか1日で彰義隊を撃破してしまった。

その戦闘にあたって、大村はある人物と口論を繰り広げて深い恨みを買ってしまうのだ。その相手が薩摩藩からこの上野戦争に参加していた海江田信義である。

慎重に攻めるべきだという海江田の意見を大村が一蹴してしまったり、大村が薩摩藩を配置したのがもっとも戦火の激しいエリアだったなど、伝わっているエピソードはさまざまだ。それだけふたりの間の確執が深かったということだろう。

さらには、薩摩出身の海江田がそもそも長州出身の大村に対して憎悪の念を抱いていたこともあった。薩摩と長州といえば、元治《げんじ》元（1864）年の「禁門の変」

以来の犬猿の仲といわれている間柄だった。上野戦争以降も大村と海江田はことあるごとに対立を繰り返すことになる。

■弟は井伊直弼暗殺の実行犯だった

その後、海江田は大村との不仲もあってか政府を追われ、京都で弾正台長官の任に就いていた。その京都で大村が襲われたというのもただの偶然だろうか。

さらに海江田は、大村襲撃犯の極刑に際して不穏な動きを見せる。「手続きに不備があった」という理由を盾にして犯人の斬首を延期させてしまうのだ。

そのうえ大村襲撃犯のひとりと海江田が親しくしていたという事実も明らかになり、「積年の恨みを晴らすべく、海江田が大村の命を狙ったのではないか」という噂がまことしやかにささやかれたのである。

たしかに、海江田は人目もはばからず大村に対しての不平不満を口にしていただけに、彼の大村嫌いは周知のこととなっていた。だとすれば、海江田のもとにはやはり急激な近代化や西洋化をよしとしない不満分子が集まってくる。

そのうち血気盛んな彼らは「大村暗殺計画」を立ち上げ、海江田が腕の立つ者を選んで暗殺を命じたとしてもおかしくはないのである。

また、この海江田という人物の経歴をみると「もはや武士の兵法は古く、西洋式の軍隊に育てあげるべき」と主張する大村暗殺に駆り立てた理由が次々と明らかになってくる。

文久《ぶんきゅう》2（1862）年、薩摩藩の行列を横切ったイギリス人が殺害される「生麦事件」が起こるが、この事件においてイギリス人の命を奪った人物こそが海江田信義なのだ。さらに海江田は旧幕府時代には有村俊斎《ありむらしゅんさい》という名を使用していたが、じつは桜田門外で井伊直弼《なおすけ》の襲撃事件に参加した唯一の薩摩藩士である有村次左衛門《じざえもん》は、この海江田の実弟にあたる。まさに剣一本で戦ってきた薩摩隼人の血が代々流れる、生粋の攘夷論者なのである。

その後、大村襲撃犯の死刑は執行され、その口からは海江田はもちろん、大村益次郎襲撃の黒幕の名前が出ることはなかった。

江戸から明治へと世の中が劇的に変わったとはいえ、そこに生きる人々の主義主張はそう簡単に変わるものではない。多くの犠牲の上に誕生した維新政府とはいえ、その内部は混沌としていたのである。

第4章◉時代を塗り替えた男たちの光と影

権力の階段をのぼり詰めた怪僧・道鏡の〝野望〟がやがて潰えるまで

■孤独な上皇に取り入った道鏡

道鏡《どうきょう》はそもそも謎の多い人物で、その前半生はあまりよく知られていない。河内国若江郡《かわちのくにわかえ》の弓削《ゆげ》氏の出身で、義淵《ぎいん》や良弁《ろうべん》の弟子となって仏教を学んだと伝えられている。

その後、山にこもって厳しい禅の修行を積んだのち、内道場《ないどうじょう》の看病禅師《ぜんじ》となったのだが、この内道場とは宮廷の人々の病気を治療する部門で、僧侶の出世コースといってよかった。

当時、仏教は信仰の対象だっただけでなく、病気や苦痛を癒す呪法や祈祷としての意味合いも大きかった。苦行を積んで呪術力を得た僧侶のなかには、医者として活躍する者も少なくなかったのである。

孝謙上皇《こうけんじょうこう》と道鏡が出会ったのは、天平宝字《てんぴょうほうじ》6（762）年頃のことだ。体調を崩した彼女の治療に当たったのが道鏡だったのである。道鏡は中国の密教である宿曜秘法を用いて病気を平癒し、上皇の信頼を一気に勝ち取った。

この頃、朝廷で権勢をふるっていたのは藤原仲麻呂《ふじわらのなかまろ》である。仲麻呂は大炊王《おおいおう》（淳仁天皇《じゅんにんてんのう》）を即位させるため、半ば強引に孝謙に譲位をさせていた。仲麻呂の長男は早世していたが、その後、彼の妻を大炊王は娶《めと》っていた。いうなれば、仲麻呂と大炊王は身内同然の関係にあった。夫も子もなく、政治力も奪われた孝謙上皇は孤独とうっ屈を抱えていたのだ。

そんな孝謙上皇にとって、病を治すために一心に祈る道鏡はようやく巡り合えた自分の味方に思えたに違いない。たちまち道鏡は取り立てられ、政治の表舞台へと躍り出たのである。

■仏教界と政界への野望を実現していく

女帝と宮中に出入りする僧侶――。前代未聞の取り合わせがスキャンダルにならないはずはない。淳仁天皇を通して政治を思いのままにしている仲麻呂にとっても道鏡の存在は疎ましかった。

そこで、淳仁天皇をたきつけてふたりの関係をいさめさせたものの、これが逆に孝謙上皇の逆鱗に触れることになる。孝謙上皇は激しく淳仁天皇を非難し、道鏡を少僧都《しょうそうず》の地位につけたのだ。

これは僧侶を取りまとめる役職で、通常は一介の僧侶が任命されるものではない。道鏡は異例の出世を遂げてしまったのである。

看病禅師として仕えていた道鏡には、最初それほどの野心はなかったようだが、上皇の寵愛を受けて以降、政治的な野望に火がついたとみられている。

たしかに、いきなり重要ポストが転がり込んでくれば、もっと上をと望んでも不思議はない。必然的に仲麻呂と道鏡は激しく対立することになった。

だが、道鏡を味方につけた孝謙上皇は強かった。淳仁天皇から権力を取り戻すと、反旗を翻す間も与えずに仲麻呂の一族も討ち取ったのだ。世事に疎い女帝にこれほど迅速な対応ができたはずはなく、そこには道鏡の策略があったのではないかといわれている。

孝謙上皇は天平宝字8(764)年、称徳《しょうとく》天皇として再び即位した。これで称徳・道鏡の政治体制が整ったのである。これ以降、道鏡はとんとん拍子に出世していく。

大臣禅師、太政大臣禅師といった道鏡のためだけに作られた役職につき、仏教と政治の両方にまたがる地位を手に入れたのだ。さらには、仏教界の最高位である大《だい》僧正《そうじょう》を飛び越えて法王の称号も与えられた。道鏡の扱いは常軌を逸するほどエスカレートしていた。

■天皇の地位まで狙った神託事件

道鏡をめぐる最大の事件が起きたのは、神護景雲《じんごけいうん》３（７６９）年のことだ。大宰《だざい》府《ふ》の主神である習宜阿曾麻呂《すげのあそまろ》が、宇佐八幡《うさはちまん》の神託として「道鏡を皇位につければ天下は太平になる」と奏上したのである。

未婚の称徳天皇には子がなく、この時点で皇太子と決められた人物もいなかった。つまり、次の皇位継承者の座は空いたままだった。

宗教界の頂点を極めている道鏡にとって、残すは政治の頂点・天皇の地位だけである。そのためこの一件は、道鏡が仕組んだ、あるいは称徳天皇が画策した、ふたりの共謀だった、などさまざまな説がある。

この時、道鏡の弟・浄人《じょうにん》が大宰府の長官を務めていたことも事件の謎を解く鍵のひとつだ。浄人が偽の神託を依頼したと考えれば、この不可解な出来事には説明がつく。

しかし、事態は道鏡が思うようには進まなかった。

神託を確認するために和気清麻呂《わけのきよまろ》が使者として派遣されたのだが、改めて確認された神託は「皇族を天皇にせよ」という内容だったのだ。この報告こそが偽りだと称徳天皇は怒り、清麻呂は流罪になった。

しかし、称徳天皇としては事態の収拾のためにこの神託を受け入れざるを得なくなってしまったのだ。

ほどなくして、称徳天皇が崩御すると、後ろ盾をなくした道鏡は失脚、左遷された下野《しもつけ》の地で没した。こうして天皇の地位を手に入れる目前まで達した道鏡は、はかなくも消え去っていったのである。

菅原道真は本当に「罠」に嵌められたのか

■後世の人々が恐れた道真の怨霊

延長《えんちょう》8（930）年初夏、朝廷のある京都は日照りが続いていた。公卿《くぎょう》たちは何とか雨を降らせようと、雨乞いのために清涼殿《せいりょうでん》に集まった。

すると、そこに突如黒雲が巻き起り雷鳴が激しく鳴り響くと、突然建物に雷が落ちた。この事故でその場にいた大納言《だいなごん》の藤原清貫《きよつら》らふたりが即死したほか、3人の公卿が大けがを負ってしまう。

だが、不幸はこれだけでは終らなかった。事故の翌月には醍醐《だいご》天皇が突如病に倒れて9月には急逝してしまう。これ以前からも藤原時平《ときひら》の子らが夭死《ようし》したり、醍醐天皇の身内に不幸が相次いでいたこともあり、都の人々は一連の出来事が菅原道《すがわらのみち》真《ざね》の怨霊によるものではないかと恐れおののいた。

菅原道真は時平に妬まれて失脚し、冤罪で九州・大宰府に流された悲劇の人物として伝えられている。だが、本当に道真は冤罪だったのだろうか。史料から浮かび上がってくる道真には不可解な点があまりにも多いのだ。

■異例の出世で囁かれた噂

時平が勢力を誇った平安時代は摂関政治の時代だった。摂関政治とは幼少の天皇に成り代わり摂政が政治を行うことで、その職を藤原氏が独占していた。

藤原氏は皇室との姻戚関係を利用しながらほかの有力な氏族を排除し、藤原良房《よしふさ》が天安《てんあん》2（858）年に摂政に就くと、その子の藤原基経《もとつね》は関白に上り詰め政治の全権を握った。時平は基経の子にあたる。

一方、学者の家系を持つ道真は、早くからその学才を発揮していたが家柄自体はそれほど高くなかった。

だが、若干26歳で官僚の登竜門といわれる国家試験の「方略試《ほうりやくし》」に合格するとエリートコースを着実に歩みはじめる。

この藤原氏と縁もゆかりもない優秀な若者に注目したのが、門閥にとらわれない優秀な人材の登用を望んでいた宇多《うだ》天皇だった。

一説によれば、宇多天皇が道真を重用したのは、藤原氏を牽制するという意味合いもあったらしい。朝廷での藤原氏の影響力があまりにも大きいことに不安を持ち、その力を少しでも排除できないかと朝廷の改革を目論んでいたのである。

そこで、宇多天皇は寛平《かんぴょう》３（８９１）年に道真を蔵人頭《くろうどのとう》として大抜擢すると、その翌年には公家会議に出席できるようにする。こうして道真は49歳で参議、51歳で中納言、55歳で右大臣と異例の出世をするのである。

ただ、このスピード出世は公卿たちの妬みの対象となり、道真に反感を持つ者も少なくなかった。

なかでも時平の妬みは深く、それが道真失脚の引き金になったとされる。

時平と道真の年齢差は親子ほどもあったが、道真は政を決める公家会議で発言力を持っていて、その影響力も宇多天皇をバックにつけているだけに大きいものがあった。

つまり、若輩の時平に成り代わり政治の中枢を握っていたことになり、そこに嫉妬心が募ったというのだ。

■本当に道真は嵌められたのか

昌泰《しょうたい》4（901）年1月25日、道真は濡れ衣を着せられる。突如、朝廷から謀反の罪で九州の大宰府に流されることを告げられるのだ。

この時、すでに宇多天皇は13歳の醍醐天皇に譲位して上皇となっていた。それでも知らせを聞いた宇多上皇は道真をかばおうと宮中に駆けつける。しかし、宮中には一歩も入ることができなかった。

道真の罪は〝クーデター未遂〟だった。罪状は「これまで高い身分にまで引き立てられたにもかかわらず、醍醐天皇に代わる天皇の擁立を企てた」というものである。これを道真は冤罪と主張し、人々もそれを信じた。

しかし、道真の新天皇の擁立というのはまったくのでっち上げなのだろうか。じつは宇多上皇には、藤原氏の影響を受けていない別の人物を皇位につけようと画策した形跡があるのだ。

しかも、道真は朝廷から告訴される前に上皇の院司である源善《みなもとのよし》と密かに会っている。道真はその事実をきっぱりと否定しているが、新天皇擁立について話し合っていたことは十分に考えられる。

これは朝廷が道真を謀反で訴えた時の宇多上皇の態度や、それまでの上皇との関係を考えると容易に想像がつくのだ。

つまり、宇多上皇と道真は、藤原氏と関係深い醍醐天皇を退位させることで時平の失脚を狙っていたのだ。それを知った時平が先手必勝とばかりに醍醐天皇と組んで道真を失脚させたというわけだ。

そうであれば、道真の謀反は冤罪ではなく確信犯であり、その黒幕的存在は宇多上皇ということになるのである。

■もうひとりの黒幕がいたのか？

ところで、道真をめぐる一件の黒幕は、じつは時平の弟である藤原忠平《ただひら》だったのではないかという説もある。

道真は流罪になった2年後に没しているのだが、その直後から都では立て続けに天変地異が起きた。そのため、これは恨みを抱えて死んでいった道真の祟りに違いないと都の人々は噂し合った。

だが、じつはこの怨霊騒ぎを演出したのが忠平だったのではないかというのだ。天変地異は道真の怨霊の仕業という噂が広がれば、道真を追放した張本人である時平の権勢は揺らぐ。そうすれば、実権が自分の元に転がり込んでくると考えたというわけである。

時平と道真が対立していた頃、忠平はそれを静観していた。むしろ、政敵であるはずの道真と友好な関係を築いていたという。汚れ仕事は時平に任せ、天変地異にかこつけて兄を陥れようとしていたのであれば忠平は相当な曲者だったといっていいだろう。

道真の祟りかどうかはわからないが、時平は39歳という若さで亡くなった。そして時平の跡を継いだ忠平はめきめきと頭角を現し、その一族も繁栄していったのである。犯人は時平か、忠平か。いずれにせよ道真は、権力に固執する藤原一族の犠牲になったということだけは確かだといえるだろう。

■霊を慰めるための道真信仰

道真は大宰府に流された2年後、延喜《えんぎ》3（903）年2月に59歳で死去している。

菅原道真を祀っている北野天満宮

その後、天神様として信仰の対象となるのだが、道真が死後すぐに大宰府で祀られて天神様になったわけではない。

道真が天神様になるのはそれから半世紀も過ぎた10世紀中頃で、しかも祀られたのは京都にある北野神社（北野天満宮《きたのてんまんぐう》）である。

半世紀も経って京都で祀られるようになった理由は、冒頭のような不幸な出来事が続き、これを道真の怨霊による仕業と考えた朝廷が道真を祀ったことにある。

その際、願文に「文道之祖《ぶんどうのそ》」と記されたことから、のちに学問の神様として人々に親しまれるようになったのだ。

果たして天神様として祀られた道真は、無実の罪を着せられた悲劇の人物だったのか、それともさらなる権力を手に入れるためクーデターを起こそうとしたのか、この謎を解く鍵はまだ見つかってはいない。

平清盛の知られざる出生の秘密

■絶大な権力を握った清盛

平安末期の元永《げんえい》元（１１１８）年、伊勢《いせ》平氏《へいし》棟梁《とうりょう》忠盛《ただもり》の嫡子として生まれた平清盛《きよもり》は、父忠盛から従四位下《じゅよんみ》中務少輔《なかつかさしょう》兼安芸守《あきのかみ》の位を譲り受け、瀬戸内海の制海権を手に入れることで権力の基盤を築く。そして、忠盛の死後に平氏一門の棟梁となった。

保元《ほうげん》元（１１５６）年の保元の乱では源義朝《よしとも》らと組んで後白河《ごしらかわ》天皇側につき、その信頼を得た。次いで播磨守《はりまのかみ》、大宰大弐《だざいのだいに》の地位を得ると、藤原信西《しんぜい》と組んでさらに権力の拡大をはかっている。この動きに対して藤原信頼《のぶより》と源義朝が反旗を翻し、平治《へいじ》元（１１５９）年に平治の乱が起きた。

清盛は義朝を倒し、その子である源義平《よしひら》ら源氏一族を次々と処刑、さらに義朝の三男だった源頼朝《よりとも》も伊豆へ流した。恐れる者のなくなった清盛は、いよいよ絶大な権力を手にし、武家政権樹立へと動き始めるのだ。

■清盛の父親はいったい誰か

しかし、もともとは伊勢平氏棟梁の嫡子に過ぎなかった清盛が、なぜこれほどまでに栄達を遂げたのだろうか。

当時は、今からは想像もできないほど家柄が重んじられていた時代である。その出自を考えると、清盛の出世は異例なことにみえる。

清盛は12歳で元服して従五位下を受け、昇殿《しょうでん》が許されている。この待遇は藤原家の嫡流《ちゃくりゅう》である摂関家と同じ扱いになる。もし清盛が伝えられているとおり武家の出身であるとすれば、絶対にありえない待遇である。

そんな待遇を受けていたということは、清盛は武家出身ではなかったのではないか。そこから生まれてきたのが「清盛＝白河法皇《しらかわほうおう》の子ども」という説だ。

系図の上では、清盛の父親は平忠盛である。忠盛は白河法皇から祇園女御《ぎおんにょうご》という女性を妻として娶らされた。この時、祇園女御は妊娠していたという。

平清盛の出自をめぐる解けない謎とは？

白河法皇は、もしも生まれてくる子どもが女児であれば自分が引き取るが、男児であれば忠盛が育てるように命令した。生まれてきたのは男児だったので、忠盛は命じられたとおり自分が育てた。この男児がのちの清盛だというのだ。この話は、『平家物語』に書かれている。

■本当の系譜をひもとく

ところが、異説もある。近江《おうみ》故宮《こきゅう》神社に「仏舎利《ぶつしゃり》相承《そうじょう》次第《しだい》」という系譜が残されている。これによると、ある女性が白河法皇に召されて懐妊した。白河法皇はその女性を忠盛に下し、女性は出産した。それがのちの清盛だった。

しかし、この女性、つまり清盛と血のつながった産みの母は3年後に病没してしまう。そこでこの女性の姉が母親代わりに育てたのだが、この女性が祇園女御だというのだ。清盛が母だと思っていた女性は伯母ということになる。

ちなみに現在は、この説が正しいとする見方が強い。

忠盛は父親の代から仏像や寺を盛んに造っていた。信心が厚いと同時に、仏教への信仰を自らの権力拡大に利用しようとしていたという。

そこで、同じように仏教に信仰の厚い白河法皇に取り入ろうと忠盛のほうから法皇に近づいた。これを利用して平家の権力の基礎固めをしようとしていたのだ。

そんな忠盛にとって、たとえ懐妊中であっても法皇の寵姫《ちょうき》を下されることは願ってもないことだった。そういう意味では、まさに狙いどおりになったわけである。

だが、これにも別の見方がある。法皇が自分の寵姫、しかも懐妊している女性を忠盛に下したというのは考えにくい。このことから、もともと忠盛の妻だった祇園女御を召して妊娠させたのではないかとする説だ。

また、この法皇の行為をめぐっても異なる説がある。伊勢平氏は平正盛《まさもり》、平忠盛の2代にわたって国司を歴任したが、この時に莫大な財産を手にしていた。法皇はその財産が目的で平氏に近づいたというものだ。

しかし、まさか自分の子を、いくら財産があるとはいえ武家に送り込むわけにもいかない。そこで、自分の子を忠盛の子にすることで平氏との関係を作ろうとしたのだ。もちろん忠盛のほうも法皇との関係ができるのは願ってもないことなので、すべてを承知の上で受け入れたというわけである。

どの説が正しいのか、今となってはわからない。しかし、当時勢いのあった平氏と、その富を狙って近づこうとした皇室との複雑な駆け引きの中で生まれたのが清盛であったということだけはたしかなようだ。

そんな清盛も皇族や貴族、さらに源氏をはじめ他の武士勢力からの反乱が続くようになると勢いが衰え始める。ことに、伊豆に流されていた源頼朝が北条氏と手を組んで挙兵、信濃でも源義仲《よしなか》が挙兵するにいたると、平家側は急速に弱体化していき一気に形勢不利になる。

各地で反乱や挙兵が相次ぐなか、清盛は養和《ようわ》元（1181）年に突如病死する。ここで清盛が思い描いていた構想はあっけなく頓挫してしまうのだ。そして、後継者に恵まれなかった平家は、結局文治《ぶんじ》元（1185）年、壇ノ浦の戦いで完全に滅亡してしまうのである。

平家の悲劇は、結局は平清盛というたったひとりの天才的武将にしか恵まれなかったことにある。そのために、平家は清盛一代だけの栄華に甘んじなければならなかった。それが後世になってますます清盛評価につながっているともいえる。

成り上がり者の暴君というイメージが強い清盛。しかし、その陰には出生をめぐる秘密が隠されているのだ。

〝日本一の大天狗〟後白河法皇が源氏・平氏と互角に渡り合えた理由

■偶然から法皇にまで上り詰めた後白河

並みいる上皇のなかでも後白河法皇の名はつとに有名である。『梁塵秘抄《りょうじんひしょう》』の編纂者として文学的な一面を持っている一方で、5代の天皇の背後に控えて院政を行うという政治家でもあった。

院政とは、天皇の位を退いた上皇が政務を行うことである。出家した上皇は法皇と呼ばれ、院政においては上皇の権限は天皇よりも大きかったことが特徴だ。

後白河が天皇に即位したのは、偶然によるものだったといえる。皇位継承者としての順位は低かったものの、近衛《このえ》天皇が皇子を残さずに夭折したため天皇の座が転がり込んできたのである。

このような経緯で天皇になった後白河法皇は皇位につくための帝王学も学んでお

らず、政治的能力に乏しかったとみる向きもあるようだ。

しかし、時は公家の世から武家の世へと移り変わる激動の時代。これを生き抜くためには相当なしたたかさが必要だったと思われる。現に、源頼朝からは「日本一の大天狗」と評されているほどなのだ。実際、「源平の争乱」の際には、後白河法皇のその政治力はいかんなく発揮されている。

■平家打倒のために必要だった源氏の力

平家が栄華を極めていた頃、院政とは名ばかりのもので実質的な権力はすべて平家が掌握していた。後白河法皇は平家を一掃する機会を虎視眈々と狙っていたがそんななか治承《じしょう》4（1180）年に源氏が決起したのである。

『吾妻鏡』によれば、平家追討は以仁王《もちひとおう》の令旨によって行われたものだ。ただ、頼朝の挙兵は令旨から数カ月後のことであり、後白河法皇の密命があったのではないかとみられている。その後、後白河法皇の期待どおり源氏は快進撃を続けた。そして、法皇は次々と勢いのある源氏の武者たちに取り入っていくのである。

後白河法皇が最初に目をかけたのは木曽義仲《きそよしなか》だ。義仲は倶利伽羅峠《くりからとうげ》で平家の大軍を破り、平家は西国《さいごく》へと落ち延びていくことになる。ところが、義仲の都での乱暴狼藉が激しくなり、そのうえ皇位継承にまで口をはさむようになったことから、後白河法皇は義仲を遠ざけるようになった。

そして、ついには義仲を見捨てたのである。義仲は源義経《よしつね》・範頼《のりより》との戦闘に敗れ、討死している。

次に法皇が目をつけたのは源義経だ。義経の勢いは目覚ましく、宿敵・平家を討ち滅ぼすにはうってつけの人物だった。後白河法皇はこの義経をかわいがり、平家を滅亡させたあとには官位まで授けている。しかし、これが義経と頼朝の間に亀裂を生じさせることになった。

というのも、官位の授受は必ず自分を通して行うようにと頼朝が命じていたにもかかわらず、義経は勝手に官位を受けてしまったからである。ふたりの関係がぎくしゃくしてくると、またしても法皇は義経を切り捨てたのだ。

■最後まで渡さなかった朝廷の権威

頼朝からの密書を受け取って平家に働きかけたり、密かに挙兵を促したりと、法皇と頼朝は早くから親密な連携をとっていたことがうかがえる。こうした法皇の行動は、源氏の総大将である頼朝に配慮したからだという見方もある。とはいえ、頼朝に対してもけっして心を許していたとはいえない。

今までになかったほどの権限を認め、高位を授けることはしたものの、頼朝には最後まで征夷大将軍の地位は与えなかったのだ。

死の前年にあたる建久《けんきゅう》2（1191）年に発布した新制では、政治・軍事ともに朝廷、すなわち自らがトップであることを示している。武家はあくまでも朝廷の意思決定を遂行するものとみなしていたのだ。

そう考えると、義仲も義経も平家を打倒したいという後白河法皇の思惑に都合よく操られたのだとみることもできる。朝廷の権力をその手に握り、勢いを増しつつある武士に対抗しようとしたのが後白河法皇だったのである。

法皇にとっては源氏も平氏も、盤上で動く〝駒〟にすぎなかったのかもしれない。源氏と協調関係を築いているように見せかけながら、その裏で権謀術数を重ねていた後白河法皇はやはり大天狗だったといえるだろう。

なぜ長崎円喜は北条得宗家を背後で操ることができたのか

■有名無実化していた得宗

鎌倉幕府をつくったのは源頼朝だが、源氏が将軍を務めたのはわずか3代である。その後、並みいる御家人のなかから突出したのが北条《ほうじょう》氏で、時宗《ときむね》から貞時《さだとき》に至る時代に執権政治は全盛を迎える。

この北条専制体制で最後の得宗となったのが北条高時《たかとき》である。この時代を最後に、鎌倉幕府は150年の歴史に幕を降ろすことになるのだ。

たしかに高時は、政治的な力量には恵まれていなかったという。しかし、幕府の滅亡については高時の失政が原因だったとはいえない。

なぜなら、この時幕府で実権を握っていたのは、内管領の長崎円喜《ながさきえんき》だったからだ。円喜は息子の高資《たかすけ》とともに政治をほしいままに操っており、高時の実権は皆無に等しかったのである。

■私利私欲に走る円喜の政治

高時が得宗の座に就いたのは9歳の時だった。いくら得宗とはいえ、こんな少年に幕府をとりまとめることができるはずはない。

そこで、実際には御内人と呼ばれる得宗家の家臣たちが政治を取り仕切ることになった。その筆頭に立っていたのが御内人のトップだった円喜である。

円喜は高時の成長を見守り、幼い得宗を支えていこうなどという気持ちは持ち合わせていなかったようだ。14歳になった高時が執権に就任した時には、幕府の中枢は円喜一派で固められてしまっていたのである。

執権という職務を遂行するには若すぎたということはあったにしても、すでに高時が口を挟めないような体制ができあがっていたのだ。

やがて、幕府の人事までもが円喜の思うままに進められるようになる。

それでもまだ円喜が優れた政治家だったなら救いもある。だが、表面上は公平な態度をとっているように見せかけながら、その裏では賄賂を受け取って私腹を肥やしていたといわれる。

こうした円喜の賄賂政治が大きな争いを生み出したこともある。陸奥国《むつのくに》の安東氏《あんどう》が代官職の相続をめぐり一族を二分して対立していたのだが、円喜はこの双方から賄賂を受け取っていたにもかかわらず、問題解決を図らなかったためにいらだった両者がついに戦を始めてしまったのだ。

幕府は調停のための兵を送り込んだが、なかなか鎮圧することができなかった。

■専横政治の陰で弱体化していった幕府

幕府を私物化して己の利益だけを追求する円喜の腐敗した政治はしだいに幕府を弱体化させていく。

まず、反旗を翻したのは後醍醐《ごだいご》天皇だ。正中《しょうちゅう》元（1324）年、元弘《げんこう》元（1331）年と、二度も倒幕のクーデターを企てたのである。「正中の変」「元弘の変」と呼ばれた反乱だ。

計画を察知した円喜が素早く行動を起こしたため後醍醐天皇の野望はいずれのケースも封じ込められたものの、これをきっかけに倒幕の芽が着実に各地に広がり始めた。

しかし、幕府も朝廷も意のままになると自分の力を過信していた円喜は、危機が迫りつつあることに気づかなかった。

また、鎌倉でも円喜を排除する動きがあった。中心となったのは、長年おさえつけられてきた得宗の高時だ。

高時は仲間を集め、円喜、高資親子の暗殺を謀ったのである。ところが、陰謀はすぐに発覚し、仲間が次々と捕らえられてしまった。高時自身の身も危うかったが、「自分は知らないことだ」と言い張り、何とか難を逃れている。

もともと実権など何もなかった高時だが、これを境にまったく政治からは遠ざかり、その後は田楽にのめり込み、酒浸りの日々を送ったという。

しかし、専横を極めた円喜の政治にも終わりがやってくる。

ますます倒幕の動きが活発になり、ついに元弘３（１３３３）年、鎌倉幕府は滅ぼされてしまったのである。影の実力者長崎円喜は、幕府の滅亡とともにその最期を迎えたのであった。

足利義満の秘めた野望と「暗殺説」の真相

■義満の抱いた最後の夢

応永《おうえい》15（１４０８）年４月28日の夜、寝静まった京都・北山第《きたやまだい》からひとつの棺が密かに運び出された。担ぎ手はわずか６人。その棺のなかには１週間前まで権勢を思うがままに振るっていた足利義満《あしかがよしみつ》の遺体が横たわっていた。

義満の遺体は叔父の足利尊氏《たかうじ》が埋葬されている等持院《とうじ》で密葬された。死因は咳気《がいき》もしくは流布《るふ》病といわれている。咳気とは今でいう風邪のことで、流布病とは流行病のことである。それまで病気ひとつしたことがない義満にしては真にあっけない最期だった。

それにしても、なぜ義満は密葬されなければならなかったのだろうか。何かその死を隠さなければならない理由があったのだろうか。

じつは、義満の死は病気によるものではなく誰かに暗殺されたのではないかという疑念が持たれているのだ。病に倒れたといわれる3日前、息子の足利義嗣《よしつぐ》が宮中で親王と同格の元服式を行っている。その儀式と義満の死とが妙に符号しているのである。

室町幕府3代将軍の義満は南北朝を統一した人物として歴史に名を残し、かなりの野心家としても知られている。それゆえ、その政治手法は強引といえた。

南北朝の統一に際して義満は、南朝の後亀山《ごかめやま》天皇に「皇位を北朝の後小松《ごこまつ》天皇に譲れば、次の天皇は南朝から出す」と巧みに迫り、後亀山天皇を退けると朝廷を一本化させた。

しかし、義満は最初からこの約束を守る気などなかった。しばらくして後亀山天皇は義満に裏切られたことを知るがもはやあとの祭りだった。義満は目的を達成するためなら手段を選ばない男だったのである。

その義満は南北朝の統一後、廷臣《ていしん》のなかでも最高の位である太政大臣に就くと、将軍職を息子の義持《よしもち》に譲って出家する。狙いは政治の表舞台から姿を消し、背後から幕府を操ることにあった。

さらに、武家と公家というこれまでの関係を超越させることも企んでいた。武家のままではいつまでたっても公家に仕える身分であり、公家と同格になったり、もしくはそれを超えたりすることはできないのである。しかし、出家すればもはや武家ではない。公家を超えることすら夢ではなくなるのだ。

いうまでもなく、官位を辞して出家しても義満の朝廷での力はまったく変わらない。これまでどおり儀式や典礼を仕切り、貴族の人事にも大きな影響を与える存在だった。しかも、出家したことで義満は儀式や式典に際して天皇に準じた衣装を身につけるようになった。

義満の野望は帝位を奪い取ることだったといわれる。

それゆえ、息子の義嗣を天皇にするための元服式は重要な儀式だった。式を親王と同格にしたことは、義嗣が親王になることを意味しており、後小松天皇が譲位すれば義嗣が天皇になることができるのである。

■正室を朝廷に送り込む

元服式を挙げるまでには義満の周到な準備があった。廷臣のなかで最高の位に就き、出家することで天皇に準じようとしても、それだけでは息子に親王と同格の式を挙げさせることは不可能である。

義満はこのために重要な布石を打った。それは正室の日野康子《ひのやすこ》を准母《じゅんぼ》にすることだった。准母とは天皇の母の代わりになる女性である。

後小松天皇の母の通陽門院《つうようもんいん》が危篤となった際、すでに父の後円融《ごえんゆう》上皇が他界していたため、義満は同じ天皇が2回も喪に服するのは不吉だと説き、准母を置くことを了承させていた。

こうして義嗣の母を天皇の母として朝廷に送り込むことで、親王と同格の元服式を行えるようにしていたのである。

こうして着々と周囲を固め、義満は天皇と将軍という権威と権力の両方を手に入れることができるはずだった。

だが、その野望がかなう直前に義満は死んでしまった。おそらく、死の経緯から判断して毒による暗殺であろうといわれている。それも遅延性の毒による可能性が高い。では、その犯人とは誰なのか。

まず、考えられるのが義嗣に帝位の簒奪《さんだつ》をされては困る朝廷側の人物である。しかも、その人物は毒を盛れるほど身近な人間でなければならない。食事には当然毒見役がついているからだ。

するると、限られた人物しかいない。ひとつの説として取り上げられているのが内大臣の二条満基《にじょうみつもと》である。

満基なら義満の傍まで近づくことができ、また天皇家の乗っ取りを強く警戒していた人物であるから動機も十分ある。

また、別の説では関白の一条経嗣《いちじょうつねつぐ》の名も挙がる。その根拠となっているのが彼の奇妙な行動である。じつは、義満が病に倒れる数日前に突然関白の職を辞任し、義満が死去すると再び関白の位に就いてその後は関白のまま生涯を送っている。

経嗣は義満の朝廷での動静を日記として書き残していることから、義満の野望をつぶさに見て知っていた可能性が十分にあるのだ。

■金閣寺の「鳳凰」が暗示するもの

そして、暗殺犯としてもうひとり疑われているのが、室町幕府4代将軍の義持である。じつは、義持は父の義満をひどく嫌っていた。

その理由のひとつが異母弟の義嗣だけを重用したことだ。もし義嗣が天皇になれば将軍である自分は弟に仕えなければならなくなる。

しかも幕府の実権を義満が握っているため、自分は将軍ではありながら思うような政治ができない。常に父の顔色をうかがいながら傀儡《かいらい》の将軍役を演じなければならなかった。この鬱積が義嗣の元服を機に爆発し、暗殺に走らせたのではないかと考えられている。

義持が父を嫌っていたことは義満の死後次々と明らかになる。朝廷は義満に太《だ》上《じょう》法皇の尊号《そんごう》を送ろうとしたが、義持はそれを頑なに断った。太上法皇とは上皇のことで、この呼び名こそ義満が求めていたものであるからだ。

さらに、義持は北山第の金閣寺《きんかくじ》を除いてすべての建物を取り壊している。これらの建物は義満が宮殿として建造したものである。

ところで、この義持犯人説に絡みもうひとつの暗殺説がある。それは、義持と朝廷が共謀したのではないかということだ。

義満が死ねば朝廷は帝位の簒奪を防げるし、義持は自らが幕府の実権を握ることができる。朝廷が単独で義満を暗殺したのであれば幕府の怒りを買うのは目に見えている。義持も単独で義満に近づいて毒殺する機会に恵まれていなかった。

この説も義満死後の動きが証拠になる。すなわち朝廷は幕府の顔を立てるため、断られることを前提に義満に太上法皇の尊号を与えようとし、幕府はそのお返しに義満の野望の象徴ともいえる北山第の建物を破壊してみせる。そう考えてもおかしくはない。

ただし、義満の死んだあと義持の行動にひとつだけ奇妙な点が残されている。それは北山第の建物をすべて破壊したのではなく、金閣寺だけを残していることである。

そもそも、この金閣寺は義満の別荘として建てられたものではなく、大陸・明《みん》からの勅使《ちょくし》を迎える迎賓館的な性格もあった。まさに政治の中心として建造されたものである。ではなぜ、この建物だけ残したのだろうか。

また、金閣寺の方形《ほうぎょう》屋根の頂点に飾られた鳳凰《ほうおう》も謎だ。当時、鳳凰は聖なる人物が登場したことを意味しており、それは義満を暗示させるのである。

なぜ、この不可解な建物を義持は残したのか。その理由はいまだ明らかにされていない。

美濃の蝮・斉藤道三の出自と系譜の謎

■二代に渡った「国盗り」

戦国時代、美濃《みの》の蝮《まむし》として恐れられた斎藤道三《さいとうどうさん》。その知略と権謀術数は下克上の世にあっても異色の存在として知られている。戦乱のなかを巧みに生きるものの、家督を譲った息子に殺害され、その生涯を閉じている。

道三を語るうえで欠かせないのはその出自である。

通常、道三は一介の油売りから身をおこし、やがて下克上によって美濃一国を奪い取った人物として紹介される。ところが、これは事実ではない。そもそも道三が一代で美濃一国を手中に収めた話は、江戸時代にまとめられた。『美濃国諸旧記《みのこくしょきゅうき》』などに書かれていたもので、それがそのまま史実として信じられてきたのである。

『美濃国諸旧記』ではこう伝えている。11歳で京都・妙覚寺《みょうがくじ》の僧となった道三は、その後還俗して燈油《とうゆ》屋の奈良屋に婿入りし、屋号を改め山崎屋《やまざきや》庄五郎《しょうごろう》として燈油を売り歩きながら各地を転々とする。

やがて尾張《おわり》を経て美濃に入った道三は、修行僧の仲間が美濃の守護・土岐《とき》氏の重臣、長井利隆《ながいとしたか》の弟だったことを知ると長井家に仕官。折からの土岐氏の家督争いに付け込むと土岐頼芸《よりなり》を守護に就かせる。

そして、道三自身は主人の長井長弘《ながひろ》を殺害して長井新九郎《しんくろう》を名乗り、頼芸を追い出すと斎藤道三として美濃の守護大名になるのである。

たしかに、戦国時代を象徴するような話である。しかし、この話はうまくできすぎている。それもそのはずで、じつは妙覚寺の僧が燈油屋になり長井家に仕官するまでは、道三の父・新左衛門尉《しんざえもんのじょう》の話なのだ。このことは近江の戦国大名・六角義賢《ろっかくよしかた》が書き残した史料から明らかになった。

それによると、道三の父・新左衛門尉は妙覚寺の僧から還俗して長井氏に仕官し西村の姓を名乗る。その後、頭角を現わすと主人と同じ長井の姓を名乗るようになり、その子として生まれたのが長井新九郎、つまり道三なのである。

史実として信じられてきた話は父子二代にわたる物語だったのだ。

また、六角氏の史料は触れていないが、道三が主君の長弘を殺害した理由についても諸説ある。

定説では道三が刺客を放って長弘を暗殺させたことになっているが、「長弘自身に落ち度があって土岐氏に詰め腹を切らされた」「長弘が勢力を持ちはじめた道三を追い落とそうとしたため、先手必勝で道三が討って出た」という説もある。下克上が本当の目的であったかどうかは明らかではないのである。

さらに不思議なのは、長弘亡きあと居城の稲葉山《いなばやま》城の城主に道三がなったことだ。稲葉山城には当然、長弘の家臣も控えているはずである。もし暗殺したのであるならば、敵の本丸に堂々と乗り込んでいくようなものである。いつ家臣に主君の仇を取られてもおかしくない。

なぜ道三は稲葉城の城主になることができたのか、長弘の家臣と事前に何らかの話し合いがあったのか、すべては謎のままだ。

■父子の血みどろの戦い

弘治《こうじ》2(1556)年4月、道三は長男の義龍《よしたつ》によって殺される。享年63歳。この道三の死も不可解な点が多い。すでに道三は義龍に家督を譲っているため、殺害の動機が家督争いによるものとは考えにくい。

唯一、原因と思われるのは、道三が義龍に「後継者となるには器量が不足している」と再三言っていることだ。

つまり、義龍はとりあえず家督を継いだものの、すぐに自分は道三によって退けられ三男が後継者に就くのではないかと考えた可能性がある。

そして、義龍と道三が衝突するようになると、道三の政治に不満を持っていた多くの領主が義龍の支持にまわり、この勢力に後押しされて道三の殺害に至ったのではないか。挙兵した時の兵の人数は道三より義龍のほうが圧倒的に多かったこともこれを裏付けている。

さらに、道三殺害にはもうひとつ別の説がある。

それは義龍が道三の子ではなく、道三に追われた土岐頼芸の子だったのではないかということだ。じつは義龍の母・深芳野《みよしの》は、道三が土岐盛頼《もりより》を越前に追い出し、頼芸を守護大名の座に据えた際に頼芸から道三が貰い受けている。この時、深芳野が身ごもっていれば義龍の父は頼芸ということになる。

そうした自らの出生を知っている義龍が、道三を殺害することにより土岐家の再興を図ろうとしたとも考えられるのである。

■「一子出家すれば九族昇天す」

道三は義龍の挙兵に自らの最期を悟ったのか遺書をしたためている。そこには「一子出家《いっししゅっけ》すれば九族昇天《しょうてん》す」と書かれていた。

歴史家はこの遺書を戦国武将にふさわしいものだと評価することが多い。なぜなら、死に際しても義龍への恨みを書かず、自らの運命を素直に受け止め、子どもを出家させることで斎藤一族の将来を守ろうとしているからだ。

しかし、もし義龍が実子でないとすれば、当然この遺書の読み方も変わってくる。すなわち、義龍は斎藤一族の人間ではなく土岐氏であるから、残された三男に「おまえは出家することで斎藤一族の血を守れ」と伝えたと受け取ることができるのだ。

果たして、道三が遺書に込めた思いとは何だったのか。〝美濃の蝮〟の生涯にまつわる闇は暗く、そしてあまりにも深い。

豊臣秀吉の不可解な行動の裏側にあるもの

■〝摂政関白〟が切腹に至るまで

日本史上ではじめての天下統一を成し遂げた豊臣秀吉《とよとみひでよし》は、朝鮮出兵の際、朝鮮の兵士の耳や鼻を切り取らせて塩漬けにして日本へ送らせ、それを見て喜んでいたとされる。こうした残虐な話は晩年の秀吉が暴君に変わっていったことを物語るエピソードのひとつとして語られる。

甥である関白の豊臣秀次《ひでつぐ》を切腹させ、妻妾と子どもたち30数人を京都の三条河原で残酷に処刑したのもその一例である。この秀次の死にはいくつもの不可解な点が残っているがなぜ、秀吉は秀次を死に追いやったのだろうか。

秀吉は淀殿《よどどの》との間のはじめての子である鶴松《つるまつ》が死んだ後、秀次を7番目の養子として迎え、天正《てんしょう》19（1591）年には関白を譲っている。つまり、秀次を自分の後継者にしたわけだ。ところが、その2年後に待望の次男・秀頼《ひでより》が誕生するのである。これがことの始まりだった。この頃から秀次は辻斬りなどたび重なる残虐行為を起こして「殺生関白《せっしょうかんぱく》」と異名をとったとも伝えられるが、その真偽は不明である。いずれにしろ、秀次は自分の地位に危機を感じていたに違いない。

そんななか秀次の不安は的中した。あろうことか、秀次は謀反の疑いをかけられて切腹を命じられたのである。

だが、秀次は本当に謀反など企んでいたのだろうか。秀次を亡き者にしようとする人物によって、でっちあげられた話だと考えたほうが自然ではないか。

その黒幕として名が上がるのが石田三成《いしだみつなり》である。秀吉政権で幕閣だった三成は、やがて秀次政権が成立すると失脚する可能性が高い。密かに危機感を抱いていたところに生まれたのが秀頼だったのである。

秀頼の母・淀殿は当然、我が子を後継者にしたいと望んでいる。三成と淀殿とは同じ近江《おうみ》出身であり、淀殿が三成に寄せる信頼も厚い。となれば、秀頼を担ぎ出して秀吉の後に据えれば自身の身が安泰になると計算したのだ。

三成は秀次の謀反をでっちあげ、それを受けた秀吉は迷うことなく秀次に切腹を

豊臣秀吉が胸に秘めていた野望とは?

命じた。秀吉が謀反の話をそのまま信じたかどうかはわからない。だが、実子の秀頼に後を継がせたい気持ちは秀吉が誰よりも強く、疑問をはさむ余地はない。こうして秀次は28歳で切腹させられたと考えられる。

とはいえ、秀頼に後を継がせたいなら秀次ひとりを殺せば済む。その妻妾や幼い子どもまで虐殺したのはなぜか。

一説によると、秀次の正室である一《いち》の台《だい》はもともと秀吉の側室として捧げられた女だったが、病気のために実家へ帰りその間に秀次が自分の妻にしてしまった。そのため秀吉が激怒し三条河原での虐殺につながったというが、真相は定かではない。

女子どもにまで及んだ処刑は庶民にも衝撃を与え、惨殺のあった夜には京中に「今日の狼藉《ろうぜき》はやがて因果となって豊臣家にめぐってくる」という意味の落書きが貼られたのである。

■本当にアジアに君臨しようとしていたのか

一方、最高権力者に上り詰めた秀吉が取り憑かれたように夢を馳せていたのが海外進出である。秀吉は文禄《ぶんろく》元（1592）年から二度にわたって朝鮮へ出兵しているが、その真の目的は朝鮮征服ではなく、当時の中国王朝である明の征服、そして東アジアの征服という壮大なものだった。

無謀としかいえないこの計画に秀吉を駆りたてたものとは何だったのか――。

秀吉は文禄の役（朝鮮では壬辰倭乱《イムジンウェラン》）の際、朝鮮の首都漢城《かんじょう》が陥落すると甥である関白豊臣秀次に海外制覇の構想を記した次のような書状を送っている。

それによると、日本の関白には羽柴秀保《はしばひでやす》か宇喜多秀家《うきたひでいえ》、朝鮮には羽柴秀勝《ひでかつ》か宇喜多秀家を置く。明《みん》の北京には後陽成《ごようぜい》天皇を移して、その関白に秀次を就かせるという驚くべき計画が練られていたのだ。秀吉自身はいうなれば、それらすべてを統括する東アジアの王ということになる。

どうも海外侵略の野望は天下統一をする以前から秀吉のなかにあったようだ。島《しま》津《づ》征伐をしている頃にはすでに中国どころか当時ポルトガルやスペインの支配下にあったマカオやルソン、ゴアなども手中にしたいと家臣らに告げている。

実際に朝鮮出兵の前後にはこれらの地域の総督らに入貢《にゅうこう》を要求しており、朝鮮や中国にとどまらず、東アジアに君臨しようとしていたことがうかがわれるのだ。

この秀吉の海外侵略の真相については、江戸時代からじつにさまざまな説がある。

たとえば、朝鮮出兵の契機となったのは溺愛していた実子の鶴松が幼くして死んだからだとする説がある。

秀吉はなかなか子宝に恵まれず、側室の淀殿との間に待望の実子が生まれたのは53歳の時だった。それが鶴松だが、不幸なことに鶴松はわずか3歳で病死してしまう。朝鮮出兵の前年の出来事である。

秀吉は鶴松の死の翌月には出兵の準備をするように大名たちに命じており、深い悲しみを振り切るために出兵を決意したと考えられる。

だが、すでに記したように秀吉は以前から海外進出の野望を持っていた。結果として鶴松の死がその野望を加速させたには違いないが、それだけが理由ではないはずだ。その真意はどこにあったのか。

■朝鮮出兵に隠された真意

ポルトガルの宣教師ルイス・フロイスによると、日本統一後に中国大陸を征服するという野望はもともと織田信長《おだのぶなが》が抱いていたものだという。秀吉は信長が果たせなかった夢を引き継ぎ、日本統一を完成した。中国大陸征服の野望もそのまま引き継いだとしてもおかしくない。

また同時に、秀吉は信長から膨大な人数の兵も受け継いでいる。ところが、これがクセモノだった。戦争中は戦力として欠かせない兵たちも日本を統一して戦いがなくなれば、仕事がなくなり無用の長物と化してしまう。

十数万人もいる兵たちを突然解雇すれば、巷には浪人があふれて治安が悪化するのは目に見えている。日本国内に戦って征服する土地がもはやなければ、海外へ目を向けるのは当然だろう。このような状況下で、朝鮮出兵は兵士らに仕事を提供するのに必要だったとする説もある。

しかも、低い身分から時の権力者にまで着々と出世してきた秀吉は、中国大陸征服という計画をそれほど無謀なものと思っていなかった節もある。

国際情勢に疎かった秀吉は、朝鮮や中国の征服は九州を平定するのと同じ程度の認識しかなかったのだ。その無知が秀吉の東アジア征服という誇大妄想を膨張させ、手始めとして朝鮮出兵を推し進めたとも考えられる。

そのほかにも単なる功名心のために出兵した、家臣らに恩賞として与える土地が国内にはなくなってしまった、ヨーロッパ列強のアジア進出に対して日本を中心とするアジア勢力を築いて対抗しようとした……などいろいろな説が取り沙汰されるが、実際に秀吉が頭のなかで何を考えていたのかは謎である。

結局、文禄の役では加藤清正《かとうきよまさ》と小西行長《こにしゆきなが》を先鋒とする16万人近い軍勢を朝鮮に侵攻させたが、朝鮮での義兵の蜂起や明からの支援軍、李舜臣《りしゅんしん》率いる朝鮮水軍らに苦しめられて秀吉の軍は次第に劣勢となる。

明との和平交渉を開始して一時は兵を引き上げたものの、交渉が決裂すると慶《けい》長《ちょう》2（1597）年に再び14万の軍勢を派遣して慶長の役（朝鮮では丁酉再乱《チョンユウチェラン》）を起こすが、秀吉の死により全軍が撤退することになる。

戦争は合わせて7年にも及んで、いたずらに朝鮮の人たちを苦しめ、莫大な戦費捻出のために日本の民衆を疲弊させただけに終わった。

秀吉の大陸制覇の野望が、やがては豊臣政権の崩壊を早めることにもなったというのも皮肉な話である。

秀吉の死後、豊臣政権は崩壊する。三条河原での虐殺の因果が報いたのかはわからないが、実子の秀頼も「大坂夏の陣」で徳川氏に追い詰められて淀殿とともに切腹し、豊臣氏は滅亡に至っている。

狂乱の末に配流になった家康の孫「松平忠直」の生涯

■転落までの軌跡

徳川家康には11人の息子がいたが、慶長10（1605）年に第2代将軍を継いだのは3男の秀忠である。乱世の荒波のなかでふたりの兄は不遇に見舞われたからだ。長男の信康《のぶやす》は武田《たけだ》家と内通していたことを疑われ、織田信長《おだのぶなが》に切腹させられた。

この一件を機に次男の秀康《ひでやす》が後継者に昇格したものの、「小牧・長久手の戦い」が終結したあと和睦の証として羽柴秀吉《はしばひでよし》の養子に差し出される。その後、婿養子に入った結城家を継いでいる。

ただし、徳川本家には戻れなかったとはいえ、秀康は「関ケ原の合戦」での功績が認められ、越前北の庄《えちぜんきたのしょう》を与えられている。ここは68万石という大国で、隣にある加賀藩を牽制する意味でも重要な場所だった。

そして、この秀康の跡を継いだのが長男の忠直《ただなお》で、今回の主役である。家康の孫で、しかも秀忠の娘・勝姫《かつひめ》を正室に迎えていたため将軍は叔父であるとともに義父でもあったことを考えると、忠直はかなり恵まれた環境にあった大名といえるだろう。

しかし、元和《げんな》9（1623）年に忠直は領主の地位を解かれ、豊後《ぶんご》に配流になっている。原因とされたのは忠直の乱行ぶりだった。

病気と偽ってはたびたび江戸参勤を怠る、気に入らない者はすぐさま斬り捨てるといったことは日常茶飯事で、こうした行為をいさめようとする家臣まで手討ちにした。忠直の非道によって罪もなく命を落とした者は数知れないという。

この夫・忠直のあまりの乱行ぶりに愛想を尽かした勝姫は、息子を連れて江戸に帰ってしまったほどだ。

忠直狂乱、さらには謀反の疑いありという噂は江戸にまで伝わった。このまま放っておいては幕府の統制にも乱れが生じると案じた秀忠は、忠直を配流にする決定を下したのである。

そんな忠直が手を下した数々の悪行のなかでも、とりわけおぞましかったのが妊婦の処刑だ。何人もの妊婦が目の前で殺害されるさまを見ては喜んでいたというのである。

なぜそんな残虐な仕打ちを好んだのが、その陰にはひとりの美女の存在があったという話が残っているのだ。

■忠直を惑わした一国女

その美女は名を一国女《いっこくじょ》という。一国に替えても惜しくないほどの美貌を持っていたことから忠直が名づけたとされている。

一国女の伝説とはこういうものだ。

ある日、忠直は野原で美しい女の幻を見た。ひと目で虜《とりこ》になったこの幻の美女を家臣に探させると、驚くべきことにそっくりな女が見つかった。

そのまま側室にして自分のそばに置いて寵愛《ちょうあい》したのだが、どんなに優しくしてもなぜかこの美女は笑わない。

ところがある日、妊婦が処刑されるのを見た瞬間、一国女は笑顔を見せたという。それ以来、忠直は彼女の機嫌をとろうと国中の妊婦を連れてきては惨殺を繰り返したというのだ。

しかも、大臼の中に入れて腹を杵でたたきつけたり、まな板の上で腹を割いて胎児を取り出すなど、その処刑方法は残酷さを増していったのである。

巷間《こうかん》に伝わる話では、この一国女の本性は悪魔で、忠直を唆《そそのか》して悪事を働かせたといわれている。大坂夏の陣で殺された者の恨みが彼女に宿り、越前松平家に災いをもたらそうと呪ったというのだ。

このあたりになると少々怪談めいてくるものがあるが、一方でこの美女の登場はもっと現実的な謀《はかりごと》だったという説もある。幕府に反抗的な態度をとる忠直を失脚させるために、土井利勝《どいとしかつ》ら幕府の重臣が一国女を送り込んだというのだ。

一国女はわざと人が殺されるところを見たいと言い、忠直に次々と罪人を処刑させて暴君の噂を広めたわけである。

■幕府に反感を抱いた理由

本当にこのような陰謀があったのかどうかは定かではない。しかし、忠直が幕府に反感を持っていたことは事実である。不満を募らせるきっかけとなったのは大坂夏の陣だった。

父親譲りの剛毅《ごうき》な性格をしていた忠直は、出陣すると勇猛果敢な働きを見せる。豊臣方随一の武将として知られていた真田幸村《さなだゆきむら》と激戦を交わし、真田軍を撃破。幸村の首級《しゅきゅう》のほか、３７００人以上もの兵を討ち取ったのである。大坂城へ真っ先に乗り込んだのも忠直だった。

こうして祖父の家康からは絶賛に値する褒め言葉をかけてもらい、恩賞の印として茶入れを与えられた。「さすがは秀康の息子だ」と、家康も手放しの喜びようだったと伝えられる。得意満面の忠直は、さぞや大きな恩賞がもらえると信じていたに違いない。

ところが、叔父たちは中納言に取り立てられたのに、忠直は従三位参議《じゅさんみさんぎ》になったにすぎなかった。

これほど貢献したにもかかわらず、これでは納得できない。幕府のやり方に不満を覚えた忠直は酒色にふけり、悪行を重ねるようになっていったというわけだ。

もうひとつ、父の秀康の死についても忠直は幕府に不信感を持っていたともいう。34歳の若さで急死した秀康は病死ということになっているが、本当のところは幕府によって毒殺されたのではないかとも推測されているのである。

秀吉の養子になっていたこともある秀康にとって、秀頼《ひでより》は義兄弟の間柄である。そのため、秀頼に同情的な面があり、もし徳川と豊臣が決裂することになれば、秀頼側に加勢するのではないかと家康の側近たちは警戒した。そこで、密かに毒を盛って葬ったというのだ。

こうした噂が忠直の幕府への反感をいっそう強めたとも考えられる。

いずれにしろ、幕藩体制の基礎を築かなければならないこの時期に、忠直の反抗的な態度を見過ごすことはできなかった。

彼を許せば他の大名も従わなくなる恐れがあったからだ。そのため、配流という厳しい措置がとられたのである。

美女と残虐行為におぼれた忠直は、自ら破滅を招いてしまったというべきかもしれない。

「新選組」がたどった軌跡と血塗られた幕末史の真相

■隊士が恐れた「局中法度」とは？

だんだら模様の浅葱《あさぎ》色の羽織と「誠」の文字――。こう聞けば、真っ先に思い浮かぶのが新選組《しんせんぐみ》だろう。

新選組は混乱渦巻く幕末において、反幕府勢力を取り締まるために結成された治安維持部隊である。発足メンバーは、幕府が将軍警護の名目で求人したところ集まった24人の江戸の浪士たちだった。

およそ6年間にわたって活動したが、最盛期には局長の近藤勇《こんどういさみ》を筆頭に200名が在籍し、京都中にその名をとどろかせる一大組織となっていた。

しかし、その一方で厳しい規則により多くの隊士が粛清にあったこともまた事実だ。これもまた新選組が恐れられた理由でもあったのだ。

粛清されるか否かは、彼らが掲げたとされる「局中法度《きょくちゅうはっと》」によって判断された。これは新選組の掟のようなもので、内容は次の通りである。

一、士道に背くまじきこと
一、局を脱するを許さず
一、勝手に金策を致すべからず
一、勝手に訴訟取り扱うべからず
一、私の闘争を許さず

そして最後に「この禁を破ったものは切腹を申し付ける」で締めくくられる。

特に第一条の「士道に背くまじきこと」という条文は、「武士道にあるまじき行為」「武士道にあるまじき思想」など、見方によってはいかようにも当てはめることができるとあって多くの粛清の理由になった。

局中法度とは、隊士たちの多くが身を震え上がらせて恐れる鉄の掟だったのだ。

■旧知の仲でも許されない絶対的な掟

新選組は、京都守護職の松平容保《まつだいらかたもり》より京都市中の警備を任せられていた。幕末の京都では尊皇攘夷《そんのうじょうい》派の志士たちが横行しており、その取り締まりが目的だったのだ。

近藤勇と土方歳三《ひじかたとしぞう》、さらに彼らを慕った沖田総司《おきたそうじ》や井上源三郎《いのうえげんざぶろう》といったのちの幹部たちは、武州《ぶしゅう》多摩《たま》から京都へと上った。そこでまず合流したのが芹沢鴨《せりざわかも》率いる水戸《みと》の浪士勢力である。この芹沢鴨こそが新選組史上初ともいえる粛清のターゲットとなった。

隊が結成されて間もない文久《ぶんきゅう》3（1863）年、近藤一派は考え方が異なる芹沢一派と主導権を争った。この時、過激浪士を取り締まる身でありながら、自らも酔って暴れるといった「乱行」を理由に芹沢は近藤一派に暗殺される。

これについては、近藤らの独断ではなく会津藩の指示があったとも伝えられているが、いずれにしても粛清の理由として「士道に背くまじきこと」の条文が利用されたことは想像に難くない。

また、有名なところでは近藤らと同じ試衛館《しえいかん》道場出身の山南敬助《やまなみけいすけ》の粛清もある。

慶応《けいおう》元（1865）年の2月、山南は置き手紙を残し脱走を図った。その理由は近藤との考え方の違いだった。

本来、尊皇攘夷派だった近藤が幕府の爪牙《そうが》となっていくことに山南は違和感を抱き、それを察した近藤もまた山南を疎んじるようになっていたという。

そこへ山南と同じく学者肌の剣の達人で、尊皇攘夷の志が高い伊東甲子太郎《いとうかしたろう》が加入する。山南は伊東を信頼したが、近藤が伊東を重用し始めると自らの居場所を失ったのだ。

捕らえられた山南は切腹し、介錯《かいしゃく》は沖田が行った。同じ道場出身の仲間でさえ禁を破ることは許されない。局中法度が新選組にとっていかに絶対的な存在だったかを伝える非情なエピソードといえるだろう。

■粛清の理由は派閥争い

粛清された隊士は他にもいる。

山南と同じく脱走の禁を破ったのが酒井兵庫《さかいひょうご》で、その理由はまさにほかの隊士への粛清の恐怖を目の当たりにしたことだった。神官の家に隠れていたところを見つかり、沖田らにめった斬りにされている。

過激な尊攘論を展開し、尊攘派と通じていたとして、剣術師範の田中寅蔵《たなかとらぞう》も切腹に追い込まれた。

また、軍学に精通していたことを理由に近藤に重用された人物に武田観柳斎《たけだかんりゅうさい》がいるが、これも薩摩との内通が判明し、抜き打ちで斬られている。

近藤に引き立てられ幹部となった伊東甲子太郎も最後は独自の勤王活動を展開し、近藤を暗殺する計画が明るみになったとして結局は暗殺された。

文献によって異なるが、局内で粛清された人数は39人とも46人ともいわれている。その理由はさまざまだが、ひとつには組織内での派閥争いが絶えなかったことが挙げられる。

同士であれ誰であれ、局中法度という名目のもとに消される宿命にあった新選組の隊士には血のにおいがつきまとっているのである。

その後、新選組は戊辰《ぼしん》戦争に参戦したものの、初戦の鳥羽・伏見の戦いで敗れると隊士が次々と離脱し、近藤勇や沖田総司の死によって戦力の低下は決定的なものとなる。そして、ついに函館の五稜郭で新政府軍に降伏し、その短い歴史を閉じたのである。

坂本龍馬暗殺犯が遺した謎の「痕跡」が語るもの

■突然斬りつけてきた刺客

慶応3（1867）年11月15日の夜、京都四条河原町にある近江屋《おうみや》という醤油屋の2階で、幕末の風雲児坂本龍馬《さかもとりょうま》が何者かに暗殺された。

この血生臭い事件は午後8時頃、近江屋に「十津川《とつがわ》郷士」だと名乗る男たちが訪れてきたことに始まる。

その日、龍馬は近江屋2階の8畳間でたまたま訪れていた中岡慎太郎《なかおかしんたろう》と議論を交わしていた。中岡は土佐《とさ》藩出身の尊攘討幕派の志士で、陸援隊の隊長である。

そこに男たちはやって来た。彼らは龍馬の下僕をしていた藤吉《とうきち》に取次ぎを依頼して名刺を手渡した。龍馬は十津川郷士に知り合いが多かったので、藤吉も相手をそれほど警戒しなかったらしい。

ところが、この男たちがいきなり藤吉に斬りつけてきたのである。藤吉はなすすべもなくその場に倒れ込み、その時に立てた騒音が龍馬の耳にも届く。だが、龍馬はよもや刺客が忍びこんでいるとは思ってもいなかった。

藤吉が無為に大きな音をたてたのだと誤解して、「ほたえな！」と藤吉を一喝すると中岡との議論を続行する。「ほたえな」とは土佐弁で「騒ぐな」という意味だ。

しかし、まもなく龍馬と中岡のいた8畳間の襖がすっと開き、突然、刺客がふたりを斬りつけてきたのである。

刺客のうちひとりは龍馬の前額部に斬りつけ、ひとりは中岡の後頭部に斬りつけた。この時、龍馬は運悪く刀を手元に置かずに床の間に置いていた。

刀に手を伸ばそうとしたものの、右肩から左背骨にかけて二太刀目を浴びせられ、中岡も幾太刀も傷を受けてしまう。

「脳をやられた、もうだめだ」という言葉を最後に龍馬は絶命する。皮肉なことに命日となった11月15日は龍馬の誕生日でもあった。享年33。

また、中岡も物干し場から隣家の屋根につたい出て助けを求めたが、そこで昏睡状態に陥る。一時意識を回復したものの、翌々日の17日にはあえなく息を引き取った。藤吉も16日に亡くなっている。

■現場に残されていた「物証」

龍馬といえば元土佐藩士で海援隊《かいえんたい》を結成し、不可能といわれた薩長同盟を成立させて大政奉還を実現した明治維新の立役者である。倒幕開国派の龍馬は当然、常に幕府側から狙われていた。

近江屋で暗殺される前年の1月には、京都の寺田屋で奉行所の役人に襲われているが、この時は九死に一生を得ている。

龍馬の妻となる寺田屋の養女・お龍《りょう》が入浴中に異変を察知し、裸のまま龍馬に知らせに走ったため不意をつかれずにすんだのだ。重傷を負ったものの龍馬もピストルで応戦し、辛くも命拾いができたのである。

しかし、この11月15日の夜は違った。応戦する間もなく龍馬はいとも簡単に斬り殺されている。状況から暗殺に手慣れた者のしわざのようにも思えるが、いったいこの事件の犯人は誰だったのだろうか。

中岡慎太郎の証言によると、刺客は斬り込んできた者がふたりで、そのほか見張りを含めて数名だったという。そして現場に残された暗殺犯のものだと思われる遺留品は2つ――。下駄と黒塗りの刀の鞘である。

そこで、まず龍馬暗殺の容疑をかけられたのが新撰組の原田左之助《はらださのすけ》である。というのは、遺留品の下駄に新撰組の行きつけの料亭である京都「瓢亭《ひさごてい》」の焼印が押されていたからだ。

しかも刺客は乱入した時に「こなくそ！」と叫んだという。これは四国の方言で「この野郎」という意味だが、原田は四国・伊予松山《いよまつやま》の出身なのである。

さらに、もうひとつの物証である鞘も原田の持ち物だと証言する者が現れ、疑惑の目は一気に新撰組に向けられていったのだ。

また事件当初、龍馬暗殺を影で指示した「黒幕」だと疑われた人物がいる。紀《き》州《しゅう》藩の三浦休太郎《みうらきゅうたろう》だ。紀州藩は以前、海援隊の船と紀州藩の船が衝突した「いろは丸事件」で海援隊に7万両の賠償金を支払わされている。

その時の恨みで、三浦が新撰組を使って龍馬を暗殺させたのではないかと考えられたのである。

しかし、この新撰組犯人説にはいささかの疑問が残る。

急襲には慣れているはずの新撰組が、明らかに犯人の物だとわかる証拠を現場に残すようなヘマをするだろうか。誰かが何らかの意図を持って、わざとそこに置いていったと考えるほうが自然ではないか。むろん、新撰組の局長である近藤勇も龍馬暗殺事件への関与を否定している。

それにもかかわらず当初は新撰組が犯人であるという説が主流を占めていた。しかも時代は維新の激動と混乱の真っ只中。龍馬暗殺1カ月前には徳川慶喜《とくがわよしのぶ》が大政奉還し、暗殺から1カ月も経たずに王政復古の号令が下っている。

翌年1月には鳥羽・伏見の戦いから戊辰戦争も始まり、事件はうやむやのまま、犯人が特定されることはなかったのだ。

ところがその後、この新撰組犯人説を覆す人物が現れる。幕府の警察組織として新撰組と並んで京都の警備を行っていた見廻組《みまわりぐみ》の元一員・今井信郎《いまいのぶお》である。

明治2（1869）年に函館五稜郭での戦争が終わりを告げ、最後まで抵抗していた旧幕臣たちが新政府によって捕えられる。

そのなかのひとりである今井が、翌年になって「坂本龍馬暗殺に加わった」という驚くべき自供をしたのだ。

今井の供述によると、龍馬暗殺に加担したメンバーは見廻組与頭《くみがしら》である佐々木《ささき》唯三郎《ただざぶろう》を筆頭に7人。実行犯として3人が2階に上って斬りこみ、今井は見張り役をしていた。幕府上層部からの指示で動いたという。

ただ、この今井の供述は中岡慎太郎の証言と多分に食い違い、信憑性に欠ける。中岡は斬り込んできたのはふたりだと言ったが、今井は3人だと言う。中岡は「十津川郷士」を名乗る者がたずねてきて突然斬りかかってきたと語ったが、今井は「松代藩《まつしろはん》」の名刺を渡し、声をかけてから斬りかかったと証言している。

さらに見廻組からはもうひとり渡辺篤《わたなべあつし》という人物が「自分が龍馬暗殺の犯人だった」と遺書を残して死んでいるが、この渡辺の証言は今井の証言とも大きく異なり、やはり決め手に欠けるのである。

■背後にちらつく〝影〟の正体

では、もし暗殺犯が新撰組でもなく見廻組でもないとすると、事件の真犯人は誰だったというのだろうか。

これには諸説がある。そのひとつは薩摩藩が黒幕だというものだ。

かつて薩長同盟の仲介に奔走した龍馬を、なぜ薩摩藩が狙わなければならないのか。不思議に思うかもしれないが、じつはこの頃、武力で幕府を倒そうとする薩摩藩や長州藩と、そうは考えない龍馬の間では少なからぬ溝が生じていた。特に薩摩藩の西郷隆盛《さいごうたかもり》や大久保利通《おおくぼとしみち》にとって、龍馬は目障りな存在になっていたという。

そのことと関係があるのか、元見廻組の今井は龍馬暗殺の件で刑事裁判にかけられ、禁固刑を受けたのに2年も経たずに特赦で釈放されている。その特赦のために尽力した人物こそ、西郷隆盛だといわれているのだ。

西郷は龍馬が結婚する際に仲人までしたといわれるほど(中岡が仲人説もあり)、龍馬と親交が深い。

その西郷がなぜ龍馬暗殺の犯人の釈放に力を貸さなければならなかったのか。薩摩藩が何らかの形で龍馬暗殺にかかわっていたのだろうか。

また土佐藩のなかに黒幕がいるという説もある。というのも、暗殺現場となった近江屋に龍馬が到着したのは殺されるわずか3日前のことだったからだ。

訪れていた福井から京都に戻った龍馬は、しばらく別の隠れ家に潜伏していたが、そこが幕府側に嗅ぎつけられそうになったため3日前に近江屋へ移動してきたのである。

隠れ家を移ったばかりの龍馬の所在がなぜ犯人に知られていたのか。それは黒幕が身内にいたからではないのかというのである。

しかも当初、近江屋の主人は龍馬を土蔵の隠し部屋に潜伏させようとしていたが、龍馬がこの時風邪をひいていたため、暖かい母屋に身を置かせていた。

つまり暗殺には絶好の狙いやすい状態だったのだが、この情報まで漏れていた可能性もある。

さらに近年発見された史料によると、現場に残された下駄は瓢亭のものではなく京都祇園の料亭・中村屋のものだという。この料亭は土佐藩士の馴染みの店だ。ということは土佐藩で龍馬と対立する誰かの差し金だったというのだろうか。これなら犯人の「こなくそ！」という四国弁にも説明がつくが……。

いずれにしろ幕府側の新撰組や見廻組に始まり紀州藩、薩摩藩、長州藩、土佐藩など、当時の龍馬はいつ誰から狙われてもおかしくなかったのはたしかだ。

いくつかの証言と数少ない物証から数多くの推測がなされてはいるが、坂本龍馬暗殺の真相は今なお深い闇のなかである。

甘粕正彦大尉の背後にあった巨大な陰謀の数々とは

■わずか6歳の子どもまで犠牲に…

大正《たいしょう》12（1923）年9月1日、相模湾沖を震源とするマグニチュード7・9の大地震が東京を襲った。死者及び行方不明者は14万人を超える大惨事となったあの「関東大震災」である。

この関東大震災により東京や横浜はほぼ焼け野原となり、同時に治安の悪化をもたらしてしまった。

そんななかで「朝鮮人が井戸に毒物を投げ込んでいる」「混乱に乗じて日本人に襲いかかろうとしている」というデマがいつの間に広がり、一部の日本人により結成された自警団によって多くの在日朝鮮人が命を落としている。

一方で、この混乱を利用しようと企てたのが陸軍や憲兵隊だ。目障りな存在で

多くの謎を残したまま服毒自殺を遂げた甘粕正彦

あった社会主義の運動家をこの機に一掃してしまおうと、彼らを一斉に検挙する行動に出たのだ。捕らえられた運動家たちは拷問やリンチを受け、虐殺された者も少なくないというが、そのなかでももっとも有名なのが「甘粕《あまかす》事件」である。

東京や神奈川に戒厳令が発令されていた震災後から半月が経った9月16日、作家で社会運動家でもある大杉栄《おおすぎさかえ》が妻の伊藤野枝《いとうのえ》とわずか6歳の甥とともに行方不明になる。間もなくして彼らが憲兵隊に強制連行されたという噂が広まったのだ。

その後、9月25日には3人の殺害が報じられ、事件は一気に表面化したのである。

この時に、犯人として逮捕されたのが甘粕正彦《まさひこ》である。東京憲兵隊分隊長であった甘粕は軍法会議にかけられ「自らの意思で犯行に及んだ」と個人的な犯行であることを主張し、懲役10年の刑に処せられている。

■昭和初期のダークヒーロー

ところが、ここからこの甘粕事件はミステリアスな展開を迎えることになる。

懲役10年を言い渡されていたのにもかかわらず、昭和《しょうわ》2（1927）年に甘粕は特赦減刑によってわずか3年服役しただけで出所してしまうのである。しかも出所後は夫人とともに陸軍の公費で2年間のフランス留学を行っている。

さらに満州に渡った甘粕は、昭和14年には満州《まんしゅう》映画協会の理事長に就任しているのだ。看板スターとして当時大人気だった女優の李香蘭《りこうらん》を擁する「満映」のトップとして、なんとショービジネス世界にも参入したのである。

殺人事件の犯人として捕らえられたにしては、その後の甘粕があまりにも華麗な経歴をたどっているのは誰の目から見ても明らかだ。

そのため、いつの頃からか、「甘粕が軍の行った罪を被ったのではないか」「海外への渡航は服役の見返りではないか」と噂されるようになったのも不思議ではない。

■謎を抱えたまま服毒自殺を遂げる

ところで、この甘粕という人物はじつに顔が広く、政治家や軍人はもちろん多くの文化人とも交流があることで知られている。満州で所属女優の李香蘭こと山口淑子《よしこ》と親しくしていただけでなく、渡仏していた時期にはパリで活躍していたレオナール・フジタこと画家の藤田嗣治《ふじたつぐはる》とも交流があった。

甘粕が多くの著名人たちと交流をしていた理由として、じつはスパイ活動に従事していたのではないかといわれている。甘粕はいくつもの顔を持つ、裏の世界を生きた人物なのである。そう考えると、甘粕が陸軍の陰謀に加担していたと考えるのはさほど難しいことではない。

関東大震災の混乱に乗じて、社会主義者を検挙どころか密かに始末してしまおうと目論んだ憲兵隊や陸軍の上層部だったが、大杉栄虐殺事件はその意図に反して大々的に報道されてしまう。国民の注目するところとなってしまった事件の一応の解決としては、自らが主犯と語る甘粕の逮捕しかなかったというわけだ。

しかしその後、甘粕は事件についていっさい口を閉ざしたため、真相はいまだに闇のなかにある。

甘粕とともに逮捕された部下は、上層部の指示によって殺害した旨の発言をしたともいわれているが、軍法会議では事件の背後に深入りすることなく早々に判決が下されてしまう。そのことからも、事件の真相はますますわからなくなったのだ。

ちなみに、甘粕は終戦を満州で迎えると、まるで自らの口をふさぐように青酸カリによる服毒自殺を遂げている。けっして世に出すことのできない多くの謎を抱えたままの死が、甘粕の背後にあった巨大な陰謀の数々を物語っているようである。

第5章

◉ 謎めく「軌跡」の裏側に隠された真相

「空白の7年間」に空海の身に何が起きたのか

■無名の僧だった空海

延暦《えんりゃく》23(804)年、数百人の遣唐使《けんとうし》一行が4隻の船に分乗して唐《とう》へと旅立っていった。そのうちの第1船に乗っていたのが、のちに日本真言宗の祖となる弘法《こうぼう》大師《だいし》空海《くうかい》である。

この年の遣唐使一行にはのちに日本天台宗の祖となる最澄《さいちょう》の姿もあった。第2船に乗っていた最澄は当時すでに宮中の内供奉《ないぐぶ》で、仏教界で確固たる地位を築いていた。桓武《かんむ》天皇の命による正規の派遣だったため、公金も支給され通訳も同行している。

ところが、空海の場合はそうではない。

この時、空海はまったく無名の僧だった。しかも、ほんの少し前までは国からは

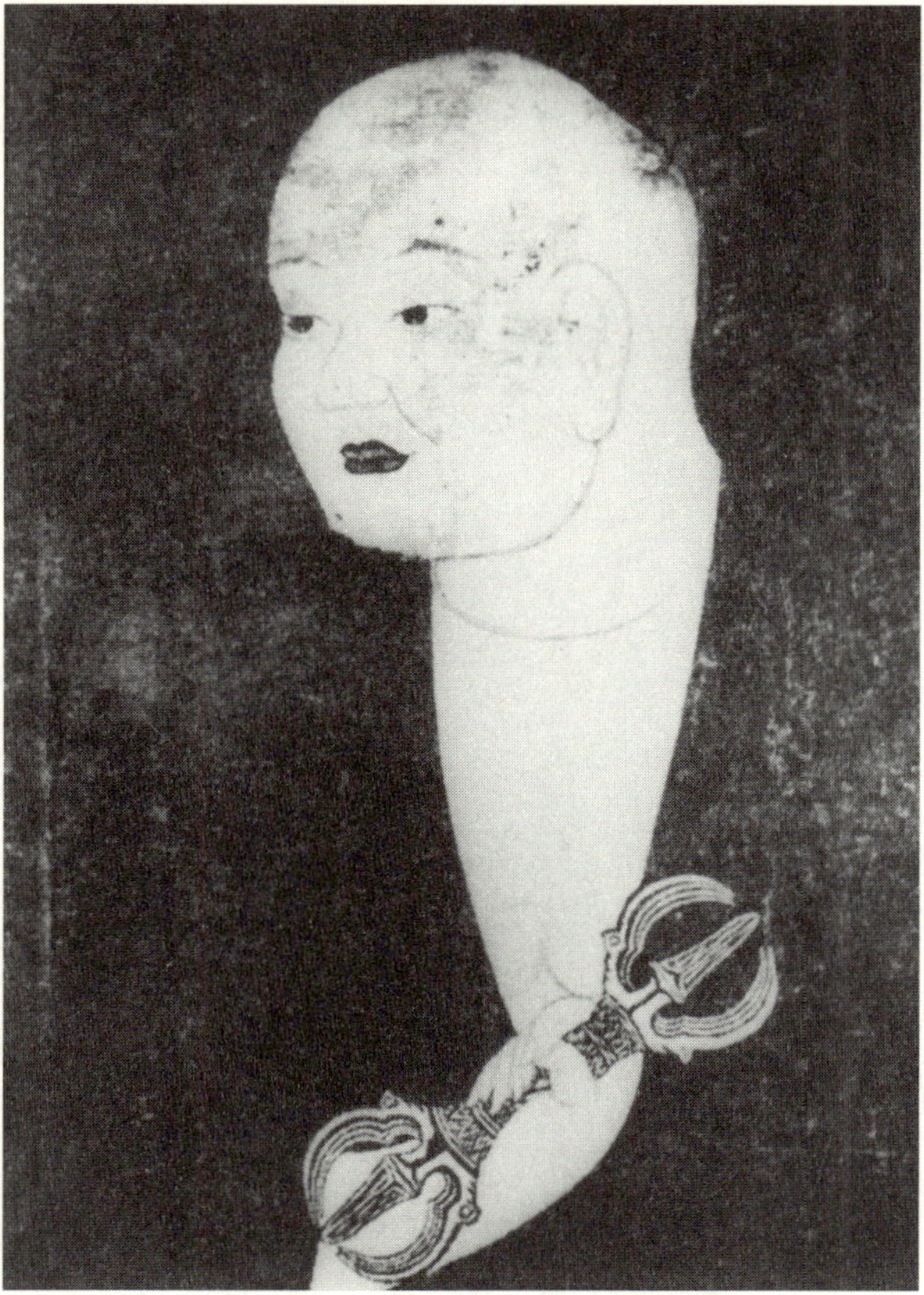

空海の謎を解く鍵は「空白の７年間」にある

正式に認められていない私度僧《しどそう》だったのである。

そんな彼がなぜ、留学僧《るがくそう》として遣唐使船に乗り込むことができたのか。最澄とは違って私費留学生である空海には膨大な留学資金が必要だったはずだが、その経費はどこから出ていたのだろうか。

■異例の唐への留学

空海は遣唐使船に乗るため、留学のわずかひと月前に東大寺の戒壇院《かいだんいん》において受戒《じゅかい》している。留学僧となるには、受戒して国の認めた正式な僧侶になる必要があったからだ。

通常であれば、正式な僧侶になってから少なくとも数年間は留学生として認められない。ところが、空海は受戒の翌月には遣唐使船に乗っているのである。

これは異例中の異例といえる。空海の背後には誰か相当な影響力と財力を持った人物がいたと考えるのが妥当だろう。

空海の母方の伯父にあたる阿刀大足《あとのおおたり》は、桓武天皇の皇子である伊予親王《いよしんのう》の侍講《じこう》（学問を教える学者）を務めた人物である。このため、伊予親王がパトロンだったのではないかと指摘する声もある。

また、東大寺など奈良仏教界が背後で動いていたとする説もある。というのは、当時の奈良仏教界は、奈良仏教に対して批判的な最澄を警戒していたからだ。最澄に対抗できる人物を育てるためにも、才智あふれる空海を唐へと送り込んだ可能性は十分にある。

そのほか、「突然欠員が出た」「正式な留学生ではなかった」「讃岐《さぬき》の地方豪族だった親族から資金をかき集めた」など、さまざまにいわれてはいるが真相は定かではない。

なぜなら、一介の私度僧だった空海が突如として留学僧となるまでの過程は謎に包まれているからだ。そもそも、留学僧として歴史上に現れる前の空海の７年間は、まったくの空白の期間なのである。

■「空白の7年間」の謎

空海は宝亀《ほうき》５（７７４）年に現在の香川県にあたる讃岐国で生まれた。父は豪族である佐伯直《さえきあたい》田公《たきみ》、母は阿刀氏出身の玉依《たまより》で、幼名を真魚《まお》と名づけられた。

15歳になると都へ出、叔父の阿刀大足について儒学《じゅがく》を学ぶ。18歳の時に大学に入学したが、ある時、空海はひとりの沙門《しゃもん》に出会って「虚空蔵求聞持法《こくうぞうぐもんじほう》」を授けられて仏教の道に転身する。

虚空蔵求聞持法とは、山林修行を重ねて虚空蔵菩薩《ぼさつ》に祈れば、すべての経典を暗記したのと同様の智慧《ちえ》が授けられるという行法である。

これらの件は空海の自伝ともいえる『三教指帰《さんごうしいき》』に記されているが、この沙門が誰であるかについては記述がなく、空海の謎のひとつになっている。

いずれにしろ、空海は儒教や道教と決別して四国の山々で壮絶な山林修行に入った。

ところが、24歳で『三教指帰』を著してから31歳で留学僧として登場するまでの7年間については、その消息がぱったりと途絶えてしまうのだ。いわゆる「空白の7年間」である。

しかし、その後に多額の資金を調達し、受戒後すぐに留学僧になって唐へ渡ったことを考えると、この時期に有力な人物と交流を持って遣唐使船に乗るための準備を着々と進めていたはずだが、その詳細がまったくわかっていないのだ。

研究者たちは四国をはじめとした各地の山林で修行していたのではないかとか、奈良の東大寺《とうだいじ》や大安寺《だいあんじ》などで経典を読みふけっていたのではないかとも推測しているが、確かな史料は何もない。この７年間は謎のままである。

■最澄との決別の裏側

唐に渡った最澄は、８カ月という短期間で帰国すると、唐からの新しい教えを都で布教し華々しく活躍した。一方の空海は足かけ３年間の滞在後に密教を極めてようやく帰国する。

空海の帰国後に空海の学を知った最澄は、空海が唐から持ち帰った経典のいくつかを借用したいと願い出る。空海はこれに快く応じ、ふたりの交友が始まった。

さらにその後、空海は最澄に結縁灌頂《けちえんかんじょう》を授けている。灌頂とは仏弟子がある地位に進む際に行う仏教儀式だが、結縁灌頂はそのなかでも入門を志すものに授けるもっとも初歩的な灌頂である。つまり、最澄は空海のもとに弟子入りした形になるのだ。

最澄はこの時すでに天下に名を知られた高僧である。その最澄が空海に頭を下げたということで、空海の名も仏教界で一目置かれるようになった。

しかし、このふたりの交友はある時を境に途絶えることになる。

それまで最澄からの経典貸し出しの依頼に応じ続けていた空海だったが、真言密教の根本経典である理趣経《りしゅきょう》の注釈書である『理趣釈経《りしゅしゃくきょう》』に関しては貸与を断ったのだ。

これ以後、ふたりの交友関係には亀裂が入り決別に至る。

いったいふたりの間に何が起こったのだろうか。それを決定づけた要因のひとつは空海のところで修行していた最澄の弟子・泰範《たいはん》が最澄のもとへ戻らず、空海の弟子となったことだ。

泰範は最澄が自分の後継者にとも考えていた弟子である。のちには空海の十大弟子のひとりになるほどきわめて優秀な人物だった。

最澄は自分自身が空海のもとで修行をしない代わりとして、泰範を空海のもとに託して修行させていたのである。

その期待をかけていた弟子が空海のもとに下ったのは、最澄にとって大きなショックだったに違いない。

最澄は泰範に対して戻ってくるようにと手紙を書き、帰ってきてほしいという切実な思いを伝えている。

文面には「捨てられた同法、最澄」という未練がましい記述もあり、このことから後世になって空海と最澄、そして泰範の3人はホモセクシャルな三角関係にあったのではとさえいわれるようになる。

■最澄の姿勢が許せなかった？

だが、それだけが決別した理由だとは到底考えられない。弟子の離反が空海と最澄の確執を決定的にしたのは事実だが、そこに至るまでにふたりの溝はかなり深いものになっていたはずだからである。

では何が原因だったのか。

有力と思われるのは、空海と最澄の密教に対する考え方の相違である。というのは、密教は経典を読むだけでは理解できない、定められた修行を積んだのちに極められるものだとするのが空海の考え方だった。

『理趣釈経』にしても修行なしで読むには誤解を招きやすい経典であり、おいそれとは貸し出せないものだったのである。

空海自身も唐で恵果《けいか》という大阿闍梨《だいあじゃり》のもとで猛烈な修行をし、異例の速さで伝法《でんぽう》灌頂と呼ばれる阿闍梨の位を授かる儀式を受けている。阿闍梨とは密教の最高位のことだ。

ところが、最澄は修行をせずに経典からのみ教えを知りたいと考えていた。同時に、空海のように短期間のうちに伝法灌頂を受けられるとも思っていたようだ。

だが、空海は最澄に伝法灌頂を受けるには少なくとも数年はかかると告げ、最澄を落胆させた。

さらに追い討ちをかけるように、最澄は自分の代わりに修行を受けさせるためにと空海のもとに置いた弟子からも離反されてしまうのだ。

一方、空海にしてみれば、自分が修行の末に授かった伝法灌頂を経典のみで受けようとは虫のいい話だと腹が立ったのは想像に難くない。

平安仏教界の両雄である空海と最澄。ふたりはそれ以後、交友を持つことは一切なかったという。

千利休が自刃に至った本当の理由

■信長・秀吉・利休の接点

天正《てんしょう》19（1591）年2月28日、茶の湯の大成者・千利休《せんのりきゅう》が自刃という形で70年の生涯に幕を閉じた。関白・豊臣秀吉《とよとみひでよし》の命により、切腹させられたのである。

秀吉はなぜ、茶頭《さどう》のひとりとして信頼をおいていた利休を死に追いやったのか。その死の真相を探るには、まず利休が秀吉と出会うまでの経緯について触れなければならない。

利休が歴史の表舞台に登場するのは、織田信長《おだのぶなが》に茶頭として大抜擢された元亀《げんき》3（1572）年前後のことといわれる。茶頭とは、信長が作った職制に組み込まれない役職で、接待のために茶を入れて奉仕する役の人のことをいう。

戦国の革命児・信長は、懐柔したい人物や知己《ちき》としたい人物を茶会に招いては名物茶器を披露して権勢を見せつけた。茶の湯を政治に利用したのである。

一方で、家臣たちが戦功を上げたら恩賞として名物茶器を下賜《かし》し、茶会を開くことを許可した。信長は、これまでどの武将も考えつかなかった茶でもって褒賞《ほうしょう》とし、また家臣たちを競わせることに成功したのである。

当時、茶頭には商人の今井宗久《いまいそうきゅう》、津田宗及《つだそうぎゅう》のふたりが登用されていたが、茶頭は常時、信長と行動をともにしなければなかった。信長はその頃、岐阜に本城を置いていたが天正4（1576）年には安土《あづち》城の建築を開始、また永禄《えいろく》11（1568）年に京の都へ上って以来、近畿一円を支配していた。

本業のある宗久らにとって、信長について岐阜、安土、京都を回るのは次第に困難となる。そこでもうひとり茶頭を増やすことになり、宗久の推薦によって利休が選ばれたのだった。信長は、利休の優れた才能と美意識を高く評価していたという。

その信長に、運命の日が訪れたのは天正10（1582）年6月1日のことだった。その日、信長は京都の本能寺《ほんのうじ》において盛大な茶会を催し、安土から持ってきた秘蔵の名物茶器を公家や商人たちに披露した。

いうまでもなく、この茶会も信長の権勢を見せつけるためのものにほかならない。しかし次の日の夜、家臣・明智光秀《あけちみつひで》の謀反によって信長は命を絶たれる。利休ら茶頭３人は徳川家康《とくがわいえやす》を接待する茶会を催していたため、この茶会には出席していなかった。

そして３人は、信長のあとを継ぐ形となった秀吉の茶頭となったのである。

■権力を握った茶頭

利休の能力を高く買っていた秀吉は、利休を茶頭の筆頭に任命する。自ずと秀吉と時間をともにすることが多くなった利休は、権力の中枢に関わるようになり秀吉の政治的・軍事的ブレーンも務めるようになる。

信長と同様、茶の湯を利用して自らの権威を高めようとした秀吉にとって、もはや利休はなくてはならない存在となり、利休もまた秀吉のもとで絶大な権力を保持するようになっていく。

ふたりの関係がもっとも密接になったのは、天正13（1585）年に行われた禁裏御茶湯《きんりおんちゃのゆ》の時だ。秀吉は正親町《おおぎまち》天皇に茶を献じる茶会を宮中で開催、利休が後見を務めて大成功を収めるのである。

この茶会は秀吉の関白就任を記念する、事実上の天下統一を成し遂げたことを宣伝する一大イベントでもあった。

一方、それまで宗易《そうえき》と呼ばれていた利休に正親町天皇から利休という号が贈られたのもこの時で、利休は名実ともに天下一の茶匠となるのだ。

ところがそれから6年後、秀吉は利休に対して突如、切腹を命じる。蜜月にあったふたりの間にいったい何が起こったのだろうか。

■秀吉との確執をめぐって

当時、公表された罪状には「木像安置の不敬不遜《ふけいふそん》行為」「茶器の売買における不正行為」の2つの罪が書かれていた。

天正17（1589）年、利休は私費を投じて京都・大徳寺の改装を行う。この時、雪駄履きで杖をついている自身の木像を山門の2階に置いたのだ。

秀吉もくぐるこの門に像を掲げるとは不敬の極みだとして罪に問われるわけだが、木像の設置はもともと大徳寺が主導で進めたものである。しかも、設置してから2年も経ってからの突然のお咎めである。

また、茶道具を不当に高い値で売ったり不正に鑑定していたというが、真偽のほどは定かではない。これらの罪に対して当初、秀吉が下したのは謹慎処分だった。その謹慎の最中、秀吉の家臣・前田《まえだ》家の使者が利休のもとを訪れ、秀吉の母・大政所《おおまんどころ》か、あるいは妻・北の政所に頼めば罪は許されると助言する。

しかし、利休はこれを無視した。秀吉はいつまでたっても詫びる気配のない利休に業を煮やし、木像を一条戻橋《いちじょうもどりばし》に張りつけにするという前代未聞のことをやってのけた。そして翌日、京都に戻るように命令し、その２日後に切腹を命じたのである。

しかし、たとえ詫びないことに腹を立てたとはいえ、この罪状では到底死罪には値しない。そこで利休切腹をめぐってはさまざまな説が浮上している。

そのひとつが秀吉毒殺計画への加担説だ。利休は徳川家康らと度々、茶会を開いており、その席で彼らから秀吉の毒殺を吹き込まれたのではないかというのだ。

ただ、利休と家康はそれほど親しい間柄ではなかった。また、その頃は宗久も宗及もほとんど出仕しなくなっており、若手の茶頭では物足りない秀吉にとって利休はまだまだ必要な存在だったともいわれている。

もうひとつが朝鮮出兵反対説である。天下統一を成し遂げた秀吉が次に目をつけたのが隣国・明《みん》だった。

大陸遠征に妄想を膨らませる秀吉に誰も反対できずにいたところ、利休はどれだけ武力と金がかかるか諭すように説教をする。これが秀吉の逆鱗に触れた。

さらに、秀吉と利休の美意識の違いというのもよく知られている。秀吉がつくった黄金の茶室は、利休のわび茶の精神から見れば邪道の極みである。

対して、秀吉はわび茶の精神を受け入れようとは絶対にせず、次第に両者の間に確執が生じていったといわれる。

ある研究者は、娘の自殺説がもっとも有力だと説いている。鷹狩りに出かけた秀吉は偶然にも利休の娘を見かけ、あまりの美しさに見初めて側室になるよう再三説得する。ところが利休も娘も頑なにこれを拒否、ついに娘は自殺を図るのである。

自殺してまでも自分を拒否したこと、利休が娘を秀吉の側室にやるくらいなら死んだほうがいいと話したことに秀吉は怒りを覚えたというのである。

ほかにも、光孝《こうこう》天皇、あるいは二条院の陵廟から石塔を持ち出して灯篭にしたことで秀吉の怒りを買ったという説もある。この石塔事件、娘の自殺、木像事件の3

つを重ねて死罪に処せられたという説もある。そうしたなか、また新たな説が浮上した。

■利休の怒りが頂点に達した出来事

利休は和泉《いずみ》の国、堺《さかい》の生まれだった。堺は海外貿易で富を蓄えた商人たちが自治を行い、大名の庇護は受けずに浪人たちを雇って町を守っていた。また、自衛のために周囲に濠をめぐらしていた。堺は、いわば都市国家のような存在だったのである。茶の湯という文化もまさしくここで開花した。

信長や秀吉はこの堺の自治を嫌い、政治や経済だけでなく文化までも手中に収めようとしたのである。特に秀吉は税を徴収し、堺の自立の象徴だった濠を埋めさせて完全に掌握しようとする。

それに加えて博多を拠点に朝鮮出兵を目論んだ秀吉は、堺の商人よりも博多の商人を優遇し、さらに秀吉は自分が許した者にだけ茶の湯の作法を伝授するようにさえしたのである。

堺の自由を奪い、茶の湯まで独占しようとした秀吉に当然のごとく利休は立腹する。そして、その怒りが頂点に達するある出来事が起こる。

天正18（1590）年、秀吉は天下統一の総仕上げとして小田原の北条氏征伐に乗り出す。この時、小田原城にいたのが利休の愛弟子・山上宗二《やまのうえのそうじ》だった。

宗二はささいなことで秀吉の怒りを買い、耳と鼻をそがれたあと斬刑に処せられてしまうのだ。愛弟子を惨殺された利休はその後、反発をあらわにし、時には秀吉が嫌ったという黒の茶碗をあえて使ったりもした。

このように利休と秀吉の関係は修復できないところまで行き着き、秀吉は堺という町も利休もどうでもよくなっていく。そして、適当な罪状を突きつけて利休を罪に陥れた、というのが本音ではないかといわれているのだ。

利休もまた、許しを請えばあっさり罪が解かれるのはわかっていたはずである。しかし、それでは茶の湯の道をも奪われてしまうことになりかねないと危惧したのだろう。

秀吉に己の茶の湯の心まで踏みにじられるわけにはいかなかった利休はけっして屈服せず、結果、切腹を命じられることになったというわけだ。

もしかしたら、利休は切腹でもって茶の湯の精神を秀吉にわからせようとしたと考えられなくもない。

■灰燼に帰した堺

利休が切腹した当日は、春だというのに朝から雷鳴がとどろき大粒のあられが降っていたという。

３人の使者に対して茶をたてて最後のもてなしをした利休は、数刻ののちに自刃する。隣の部屋で待機していた妻の宗恩は、首が切り落とされると亡骸に白小袖をかぶせたと伝えられている。

ところで利休の死後、秀吉は利休を懐かしむ言葉を書き残している。

「昨日、利休の流儀で茶会を催し、利休を思い出しつつ茶を飲みました」

これは、母親にあてた手紙に書かれていたものである。また、家臣に送った書状には「伏見城《ふしみ》は利休の好むような設計で建てよ」と記されていた。

利休の没後、堺の町は衰亡し、秀吉の威光も見る間に衰えていく。そして利休の死から24年たった慶長《けいちょう》20（１６１５）年、大坂夏の陣が勃発、堺の町は灰燼に帰し、豊臣氏も滅亡するのだった。

家康によって死に追い込まれた「築山殿」の祟り

■誰が築山殿を死に追い込んだのか

長い戦乱の世を終わらせ、260年以上も続く徳川幕府の基礎を築いた徳川家康だが、そこに至るまでには辛酸を舐め、窮地に追い込まれたことも数多い。

なかでも天正7（1579）年には、織田信長の命により家康自らが妻子を死に追いやるという陰惨な事件が起きている。家康は正室である築山《つきやま》殿を殺害するよう家臣に命じ、嫡男の信康《のぶやす》に自害を命じて切腹させたのだ。

血で血を洗う戦国時代とはいえ、夫婦・親子間であまりに酷い仕打ちである。いったい事件の裏側では何が起こっていたのだろうか。

この不可解な事件の真相についてはさまざまに推測されているが、なかでもよくいわれているのが、これが「信長の謀略」だったのではないかという説である。

妻子を死に追い込んだ徳川家康の胸の内は？

事件の発端となったのは、信康の妻であり、信長の長女である徳姫《とくひめ》が信長へ送った12カ条にわたる訴状である。

そこには徳姫に対する築山殿の嫁いびりや不倫、信康の暴虐ぶり、さらには築山殿が武田勝頼《たけだかつより》と信康とともに寝返りを画策しているという内容が記されていたのだ。

そこで信長が徳川家の家臣である酒井忠次《さかいただつぐ》にその真偽を問いただすと、忠次は信康をかばうどころか訴状の内容を認めてしまったのである。結果として信長は家康に対して信康を処分するように命じ、家康はこの命令に従わざるを得なくなったのだ。

妻の築山殿は岡崎城から浜松城へ向かう途中、随行していた武士に突然切りかかられて非業の死を遂げる。

のちに、この殺害に携わった武士3人とその子どもは無残な死に方をしたり発狂したと伝えられ、「築山殿の祟り」だと恐れられている。祟りの話はもちろん噂話にすぎないが、それほど築山殿の死は凄惨なものだったのだろう。

一方、息子の信康は半月にわたって二俣城《ふたまたじょう》に監禁されたのち、家康から自害するように命じられ、腹を十文字にかき切って果てた。まだ21歳だった。

それにしても、たとえ日頃の鬱憤が溜まっていたとはいえ徳姫と信康は2児までもうけた夫婦である。徳姫が本当に12カ条の訴状を記したのかどうかは疑う余地がある。

たしかに築山殿と徳姫の仲は芳しくなかった。ただでさえ嫁姑の関係であるうえ、築山殿は今川《いまがわ》家の血筋をひいている。今川家を滅ぼした織田家出身の徳姫をこころよく思っていなかったのである。

だが逆にいえば、こうした徳川家のいさかいは、偽の訴状をでっちあげて信康と築山殿を陥れようとする者にとっては絶好の状況だったとも考えられる。

そして、そのような偽の訴状をでっちあげられる人物はわずかしかいない。

信康は信長の嫡男である忠信に比べてはるかに武勇に優れていたという。やがて織田家に災いをもたらす可能性を秘めた信康を信長が早いうちに消そうと考えたとしてもおかしくはない。

信康に流れる今川家の血も信長には危険に思えたのかもしれない。また、この方法なら家康が自分の命令に応じるかどうかで、家康の忠誠心を試すこともできる。信長にとっては、まさに一石二鳥の策略なのである。

■石川数正の出奔との関わり

もうひとつ、この事件の背景には「徳川家の派閥争い」があったのではないかという説もある。よく考えれば酒井忠次は徳川家の家臣でありながら、なぜいともあっさりと訴状の内容を認めてしまったのだろうか。

当時、家康と家康の母である於大《おだい》の方は浜松城に、信康と築山殿は岡崎城に別居している。於大の方は織田氏と縁が深い人物で、今川氏出身の築山殿とは折り合いがあまりよくなかったのだ。つまり、徳姫と築山殿の間だけではなく、築山殿と於大の方の間にも嫁姑の確執があったのである。

これに家臣間の勢力争いが結びつく。よく知られているように、家康は若い頃を今川氏の人質として過ごしている。そのため家臣のなかには今川氏の血筋である築山殿と信康をよく思わない者も少なくなかった。酒井忠次もそのひとりで、そのため浜松城で権勢を振るう於大の方の支持にまわってしまった。

一方、岡崎城の信康・築山殿の側についたのが石川数正《いしかわかずまさ》である。数正は忠次と同じく徳川家の重臣で、これまでにも忠次と何かにつけて競い合ってきた人物だ。

於大の方・忠次を筆頭とする浜松派と、信康・築山殿・数正の岡崎派の派閥政争が繰り広げられていき、その最中に信康と築山殿は死に追い込まれたのである。

しかも数正は事件の7年後、一族を連れて岡崎を出奔している。さらには家康と対立する豊臣秀吉の家臣となって人々を驚愕させた。

数正の出奔についてはたしかな理由がわからず、今でも戦国時代の謎のひとつとされている。だが、この政争に敗れたためだと考えれば合点もいく。

また、いくら信長の命令とはいえ家康はなぜ妻子をみすみす見殺しにできたのだろうか。史料によれば、信長が処分するように命じたのは信康だけで築山殿については触れられていない。にもかかわらず、築山殿まで殺されたのはなぜなのだろうか。

■「家康替え玉説」の検証

最後に、家康が妻子を見殺しにできた理由として驚くべき説がある。それは「家康替え玉説」だ。当時の家康は本物の家康ではなく替え玉で、築山殿と信康は本当の妻子ではなかったというのだ。

じつは、徳川家康がどこかの時点で別人と入れ替わっていたとする説はいくつかある。明治35（1902）年に村岡素一郎《むらおかそいちろう》氏が書いた『史疑徳川家康事蹟《しぎとくがわいえやすじせき》』によると、家康（当時は元康）はすでに青年期に亡くなっていて、その後に家康として活躍したのは別人の世良田二郎三郎元信《せらだじろうさぶろうもとのぶ》だという。

もし別人だとすれば、その後に家康が築山殿や信康を岡崎城に残して別居したのも納得がいく。信長からふたりの殺害を命じられても、実の妻子ではなければそれほど心も傷まなかっただろう。そのうえ信康が死ねば、入れ替わりに後に生まれた自分の実子を嫡男とすることもできるというメリットもあった。

また家康が替え玉と入れ替わったのは若い頃ではなく、晩年になってからだとする説もある。家康は関ヶ原の戦いで死去し、代わりに影武者が立てられたとする説と、大坂夏の陣で亡くなって1年間だけ影武者が代役をしたとする2つの説である。

常に危険にさらされていた武将たちが、身代わりとして影武者を用意していたのはたしかである。大将の死を隠し、急場を凌いで影武者を立てたとしてもおかしくないのだ。

だが、いずれにしても疑惑の解明につながるような信頼できる史料は数少ない。400年以上経った今も、家康の真実に近づくことは容易ではない。

出雲阿国と徳川家康の知られざる接点

■歌舞伎の誕生

日本の伝統芸能のひとつである歌舞伎は、国の無形重要文化財であると同時に、平成17（２００５）年には世界無形文化遺産にも認定されるなど名実とも世界に誇る演劇となった。

その歌舞伎を語るうえで欠かせないのが、出雲阿国《いずものおくに》と呼ばれる女性の存在である。

歌舞伎は徳川幕府から正式な認可が下りた承応《じょうおう》２（１６５３）年を発祥年としているが、じつはそれよりも約5年前に出雲阿国によって創始されたといわれている。

しかし、阿国の生涯についてはほとんど明らかにされていない。出雲阿国とはいったいどんな女性で、またどのようにして歌舞伎は誕生したのだろうか。

出雲阿国がはじめて文献に登場するのは、西洞院時慶《にしのとういんときよし》の日記『時慶卿記』においてである。そこには、「慶長5（1600）年に京都の近衛殿《このえでん》でクニと菊のふたりがややこ踊りを演じた」と書かれている。

また『多聞院日記《たもんいんにっき》』には、「天正元（1582）年5月、11歳の国と8歳の加賀という娘が春日大社《かすがたいしゃ》でややこ踊りを踊った」と記されている。『多聞院日記』とは、奈良県興福寺の塔頭・多聞院の僧たちが約140年にわたって書き継いだ日記のことをいう。

両方の記述に登場するややこ踊りとは、その名のとおり少女の踊りという意味で、ここから阿国は幼い頃から客前で踊りを披露していたことがわかる。

その後、成人した阿国は慶長8（1603）年に京都の北野天満宮《きたのてんまんぐう》で舞台をかけて念仏踊りを披露し、四条河原では芝居を演じている。

そして慶長12（1607）年に江戸城で勧進《かんじん》歌舞伎を上演、その5年後、北野での記録を最後にぷっつりと歴史から姿を消してしまうのだ。

■阿国の踊りが歌舞伎と呼ばれるまで

歌舞伎の語源は「かぶく」である。かぶくとは傾くという意味で、変わった装いをするなど当時の常識から逸脱した言動や表現のことを指した。では、阿国の踊りはどのような経緯で歌舞伎と呼ばれるようになったのか。

当事の出来事をまとめた『当代記《とうだいき》』という書物の中に、京都で阿国が刀、脇差を差し男装して茶屋の女と戯れるさまを演じて人気を博したという記述が見られる。男かと思ったら女性だったという思いもかけない趣向に加えて派手な衣装と鳴り物に人々は熱狂し大好評を博したという。

これをきっかけに阿国の踊りは歌舞伎踊りと呼ばれるようになった。おそらく慶長８（１６０３）年頃のことではないかと推測されている。

その後、阿国は物語性を加えることによって踊りを芝居へと変化させ、時にはエロティックに、時には話題性のあるニュースを織りまぜながら舞台を演出し、一世を風靡《ふうび》したという。

それにしても、阿国はなぜこのような趣向を思いついたのだろうか。

ひとつに、自分の容姿に対するコンプレックス説があげられている。『当代記』を見ると、阿国について「但非好女」と書かれた箇所がある。すなわち美人ではなかったと記されているのである。

その頃、阿国は30歳を過ぎており、容姿の美しさが重要となる小唄踊りには限界を感じていたという。そこで、ほかとは違ったことで人をひきつけるために、男装して踊るという発想を得たのではないかというのだ。

また同じ時期、徳川家康が征夷大将軍の宣下《せんげ》を受けるため京の伏見《ふしみ》城、二条《にじょう》城へ入っている。

じつは阿国は数十年前、家康に踊りを披露したことがあった。当時の芸人の間では、一度でも愛顧を受けたことのある家に祝い事があれば祝儀と称してかけつけるのが常だったという。

つまり、阿国は家康を祝うために京へ赴き、そこで新しい踊りを披露しようとしたのではないかとも考えられている。

仮にこの説が本当だったとすれば、歌舞伎は家康のために誕生したともいえるだろう。

■「阿国＝巫女」説の検証

ところが、大納言・山科言継《やましなときつぐ》が書いた『言継卿記《ときつぐ》』によれば、天正16（158

8）年2月に出雲巫女《みこ》が京都で舞を踊ったという記事が残されている。『当代記』にも阿国は出雲巫女であると書かれていることから、じつは阿国は巫女だったという説もあるのだ。

当時、ただお布施を待っているだけでは神社は成り立たず、各地を回ってお布施を集める必要があった。

幼くして巫女となった阿国も神社のお布施を集めるために各地を歩くようになる。そのような女性を歩き巫女といい、最初は男女一緒にお布施を集めていたといわれる。

しかし、祈祷するだけでは人は集まって来ない。そのため神楽を見せてお布施をもらうようになり、いつしか男性から離れて巫女たちだけで各地を歩くようになっていった。

そして昼間は芸を披露し、夜はお布施のためにお金を持った男性の相手をするようになったという。

阿国はこのように軽く見られがちな芸を正当に評価してもらいたかった、そこで他の女性たちと一緒に京へ乗り込み、趣向を凝らした芸で自分たちを認めてもらおうとしたのではないか、ともいわれている。

そこから阿国演じる歌舞伎は巫女の集まり、すなわち女性ばかりの集団だったとも考えられているのだ。

その一方で、出雲地方に巡業に行ってから阿国自らがこの名を名乗るようになったのではないかとも推測されている。

また前述のとおり、『多聞院日記』には「国」と「加賀」という文字で記されているが、それは加賀国のふたりの娘という意味で、阿国は加賀国の出身だったのではないかという説も浮上している。

阿国は出雲の巫女だったのか、それとも芸能座の一員だったのか、その手がかりは残されていない。

■禁じられた「女歌舞伎」

歌舞伎役者としての阿国は残された文献からある程度推測も可能だが、阿国自身については出自から晩年までようとして知れない。

『多聞院日記』などの記述から、阿国は元亀《げんき》3(1572)年頃に誕生したのではないかと推測できる。

そうなると、江戸城で演じた時は35歳頃、ぷっつりと姿を消すのは40歳頃となる。それ以降の阿国はどのような人生を歩んだのだろうか。

若くして亡くなった、故郷の出雲に帰って楽しく余生を暮らした、尼となりひっそりと亡くなったなど諸説あげられているが、どれも確証はない。

ところで阿国の歌舞伎は女歌舞伎と呼ばれ、その後、遊女たちがまねをして演じるようになり、それは遊女歌舞伎と呼ばれるようになった。

しかし、この遊女歌舞伎は風俗を乱すとして寛永《かんえい》６（１６２９）年、幕府によって禁止されてしまう。

その後、男性が演じる若衆歌舞伎が誕生する。これものちに禁止されてしまうが、女性を舞台に上げないという条件で芝居の上演が許されるようになるのだ。

こうして歌舞伎は男性だけで演じられるようになり、それが現代に続くことになったのである。

家康暗殺計画で処刑された ひょうげもの「古田織部」の裏の顔

■利休七哲のひとりと称えられた

安土桃山時代の茶人で、茶の湯の境地を開拓して茶聖《ちゃせい》と称せられた千利休。彼にわび茶の精神を学ぼうと、その門下には多くの武将や大名も名を連ねていた。

そんな門人のなかでも特にすぐれた7人を「利休七哲《りきゅうしちてつ》」と呼ぶが、織部焼の発案者としても知られる古田織部《ふるたおりべ》もそんな利休七哲のひとりだった。

織部は利休に学んだわび茶を大胆にアレンジして、個性的で華やかな武家風の茶道をつくり上げた。意図的にひずませたり、これまでには考えられない派手な配色を施した茶器を作るなど、彼の茶道は自由奔放な気風にあふれていた。

その個性豊かな生きざまから、一風変わった者、おどけた者を意味する〝ひょうげもの〟と呼ばれていたほどだ。

ところが、晩年の織部にはある黒い疑惑がもち上がり、ついには切腹を命じられて命を絶っているのだ。将軍職こそ辞したものの、依然として強大な権力を誇っていた徳川家康の暗殺を企てていたというのである。

徳川家の茶道指南役にまで上り詰めて天下にその名を馳せた織部が、なぜ家康の命を狙わなければならなかったのだろうか。

■筋金入りの武人だった織部

茶人として大成した古田織部だが、その生い立ちは茶人としては異色だった。彼は、茶の湯どころかおよそ芸術とは縁遠いような武将の家に生まれているのだ。

織部が生まれた美濃の古田家は、美濃を治めた〝まむしの道三〟こと斎藤道三《さいとうどうさん》、そして道三亡きあとは織田信長に代々仕えてきた。

織部自身も若くして信長に仕え、その命で何度となく戦に出向いて武功を立てている。戦場で何度も刃の下をかいくぐった、れっきとした戦国武将なのである。

天正10（１５８２）年、信長が「本能寺の変」で倒れてからの織部はそのまま豊臣秀吉に従い、信長の仇討ち合戦となった「山崎の戦い」にも参戦すると、秀吉軍の先陣を務めている。

織部が茶の湯と出会ったのは、こうして信長や秀吉に仕えたことが影響しているといわれる。

商人の町として栄えた堺の町を治めた信長は、堺で生まれて、わび茶を大成した茶人の千利休を重用し、その後も利休は信長以上に茶の湯に熱心だった秀吉に仕えている。

織部は秀吉がたびたび催した茶会で利休と出会い、そのうちに彼の門弟になったと考えるのが自然だろう。

だが、わび・さびの世界を重んじた利休は、権力を誇示する金の茶室をつくるなどした秀吉と最終的に袂を分かち、切腹を命じられて死んでいった。

一方で織部は、秀吉の命を受けて武家のための豪華絢爛な茶道をつくり上げたのである。まさに茶の湯の改革者だった。

ところが、長年にわたり信長、秀吉に仕えてきた織部は、「関ケ原の合戦」では西軍の豊臣方ではなく東軍、つまり家康の側についている。

織部は自らの門人であった常陸《ひたち》の武将である佐竹義宣《さたけよしのぶ》を東軍に引き入れるよう家

康から依頼を受け、その腰を上げているのだ。

茶の湯に通じ、すぐれた感性を持っていた織部は、時代を見据える目も兼ね備えていたのかもしれない。

こうして今度は徳川方についた織部だが、その後の彼を待っていたのは師である千利休もたどった過酷な運命だった。

■家康から謀反の嫌疑をかけられる

事件は元和《げんな》元（1615）年に起きた。

当時、家康とその息子で江戸幕府第2代将軍の秀忠《ひでただ》は京都の二条城に入り、豊臣方が立てこもった大坂城への出陣を協議していた。いわゆる「大坂夏の陣」の最中のことである。

そんな折、織部の家臣が一通の密書を携えて京の市中にいるところを捕らえられてしまった。

その密書には、二条城に火を放って徳川軍を混乱させ、隙を突いて大坂より豊臣軍が京都に攻め込むという恐ろしい計画がしたためられていたのだ。

当然、織部にも嫌疑が向けられたのはいうまでもない。

じつは、この事件の前から織部は豊臣方と内通しているのではないかという疑惑を持たれていたのだ。

武家の茶道を大成させて多くの武将から支持された織部の存在は、家康にしてみれば少々厄介なものになっていたようだ。その門下には徳川方の武将ばかりではなく、豊臣方の武将の名前もあったからである。

なかには関ヶ原の合戦の直前に家康の暗殺計画を立てたとして流罪となった大野《おお の》治長《はるなが》のような危険な人物もいた。

ましてや織部はもともと秀吉に仕えていた人物であるから、いつ豊臣方の勢力を結集させて反旗を翻してもおかしくはない。そこで、家康は織部の周囲に目を光らせていたのだ。

■利休と同じ運命をたどる

この放火未遂事件で織部への疑いはいよいよ決定的なものとなった。一世を風靡したひょうげものにもついに最期の時が訪れたのである。

大坂城で追い詰められた豊臣秀頼《ひでより》とその母である淀君《よどぎみ》が自刃したその数日後に、織部は家康から切腹を申しつけられた。

72歳の織部はあらがうことなく家康の命に従い、嫡男の重嗣《しげつぐ》と共に自刃して果てた。

さらに、父の跡を追うように織部の子どもたちは次々と刺し違え古田家の家財は没収。家名は断絶してしまった。皮肉にも、師である千利休と同じように織部も時の権力者に疎まれて命を絶ったのである。

信長、秀吉、そして家康と名だたる権力者に仕え、茶の湯に一時代を築いた織部の亡骸は、生前の利休が何度も訪れ、茶の湯の世界と縁が深い京都北部の大徳寺に葬られた。

家康から切腹を命じられた織部は多くを語らず、「さしたる申し開きもなし」と言い放っただけだったという。

果たして実際に家康に反旗を翻そうとしたのか、その本心を胸に深く閉じ込めたまま、稀代の茶人は今も静かに眠り続けているのだ。

たった1年で姿を消した天才絵師・写楽の秘密

■あまりに短い活動期間

東洲斎写楽《とうしゅうさいしゃらく》——。彼について知られている事実はほんのわずかしかない。生没年もその生涯もいっさいわからない、まったくの謎の人物である。

ただ、はっきりしているのは東洲斎写楽という画号の人物が、寛政《かんせい》6（1794）年5月から翌年の2月にかけての10カ月間で、版元《はんもと》・蔦屋重三郎《つたやじゅうざぶろう》の店から一挙に140数点もの浮世絵を刊行したということである。これは尋常なスピードではない。

さらに不思議なことには、それほど猛烈に作品を描いた後、写楽はぴたりと筆を置いてしまう。寛政7（1795）年2月以降に描かれた作品は今のところ見つかっておらず、同時に「写楽」なる浮世絵師も世間から忽然と姿を消してしまうのだ。

いったい写楽とは何者で、どうして突然現れ、短期間のうちに筆を置いたのだろうか。以前から写楽の正体を探る試みは多くの研究者が取り組んできた。

研究者の見解でもっとも多いのが、別人がこの時期だけ写楽と名乗って描いていたとする説だ。その候補にあがる人物は優に40人近くいる。

絵師や画家では葛飾北斎《かつしかほくさい》、喜多川歌麿《きたがわうたまろ》、歌川豊国《うたがわとよくに》、円山応挙《まるやまおうきょ》、戯作者では十返舎《じっぺんしゃ》一九《いっく》や山東京伝《さんとうきょうでん》、版元の蔦谷重三郎、歌舞伎役者の中村此蔵《なかむらこれぞう》、能役者の斉藤十郎《さいとうじゅうろう》兵衛《べえ》と挙げだしたらきりがないほどだ。

絵師がわずか10カ月間で絵を描くのを止めるとは考えられない。誰か別人がこの時期だけ副業もしくは何らかの試みとして「写楽」を名乗っていたとしたら、突然現れて突然消えたことや生没年が不明な理由にも説明がつく。

では、これらの候補のなかに写楽はいるのだろうか。代表的な説をいくつかとりあげてその正体に迫ってみよう。

まずは、当時すでに人気の絵師だった喜多川歌麿はどうだろう。

歌麿の画風が写楽の画風に似ていると指摘する人は少なくない。写楽は登場してすぐに傑作を描いている。たしかに、同じく絵師で相当な力があった人物だと考えるほうが自然である。

写楽が初期の大首絵《おおくびえ》の背景に使った黒雲母摺《くろきらず》りという浮世絵版画の技法も、もともとは歌麿が好んで使っていたものだし、落款《らっかん》の「画」の字の筆跡が歌麿と写楽では似ていると指摘する声もある。

さらに歌麿説を裏付けるかのように、歌麿には謎の空白期間がある。じつは歌麿は寛政6（1794）年5月から翌年の秋頃まで1年以上も作品を発表していない。そして、その期間はなぜか写楽の活動期間とちょうど重なっている。これが偶然といえるだろうか。

歌麿と写楽の二足のわらじを履いて、10カ月間で140数点もの作品を発表することはまず不可能である。その間「歌麿」を休業し「写楽」として活動していたと考えてもおかしくはない。

ただ、歌麿は後年になって写楽の絵について酷評している。本当に自分が描いたのならわざわざ悪く言うだろうか。

また、画風が似ているという人がいる一方で、まったく違うとする人もいる。たとえば、写楽の初期の作品はダイナミックである反面、絵に雑なところも見られる。これは歌麿ほどの熟練の絵師が描く絵ではないというのだ。

そこで逆に浮き上がってくるのが写楽はプロの絵師ではなく、別の職業を持った人物ではないかとする説だ。

■なぜ何度も画風を変えたのか

写楽が描いたのは歌舞伎の役者絵と相撲絵《すもうえ》である。なかでも大首絵といわれる役者の上半身だけを描いた作品は、ダイナミックで迫力に満ちたものだ。代表作の『大谷鬼次《おおたにおにじ》の奴江戸兵衛《やっこえどべえ》』などの傑作もこの大首絵で、写楽の初期の作品にあたる。

短期間しか活動していなかった写楽に初期の作品も後期の作品もないと思われるだろうが、不可解なことに写楽は10カ月の間に画風を何度も変えているのだ。これが写楽の大きな謎のひとつでもある。

全作品は4期に分けられ、その第1期が前述した初期の役者大首絵28点である。この時期の画風は大胆で、否応なしに人の目を惹きつけるものだ。バックには黒雲母摺りが使われ、作品に豪華さを添えている。評価の高い作品はこの時期に集中しているのだ。

第2期の構図はほとんどが役者の全身を描いたもので、絵のサイズも細判という小さなものに変わる。続く第3期も全身の役者絵が主で、大首絵が数点ある。相撲絵も描かれている。この時期には約60点もの数多い作品を残しているが、第1期の作品に見られる迫力がなくなり質が格段に低下している。第4期は同じく全身の役者絵などを描いているが、作品点数がめっきり減っているのだ。

プロではない素人が描きながら技術を習得していったのなら、大胆な初期の画風から次第に均整の取れた凡庸《ぼんよう》な画風になっていっても不思議ではない。

こうした事実から版画家の故池田満寿夫《いけだますお》氏は、写楽は歌舞伎役者の中村此蔵と戯作者の十返舎一九のふたりだと推測した。写楽がひとりでないなら、画風が大きく変わった理由としてこれ以上のものはない。

池田氏は写楽の描いた此蔵の絵に注目し、これを写楽の自画像だと考えた。ほかの歌舞伎役者たちが役者特有の化粧をしているのに、なぜか此蔵だけは素顔なのだ。また、此蔵は「東洲」を名乗る大谷一門の役者で俳句をする時の俳名も「東洲」なのである。

一方、もうひとりの一九は当時、写楽の絵の版元である蔦重こと蔦谷重三郎のところに居候をしていて版画制作の手伝いをしていた。一九は戯作者だが絵師を目指していたこともあり、写楽の絵の構図と共通点が見られるものもある。

しかも絵のなかで此蔵が肩からかけている手拭いの紋を裏返して読めば、十・一・九になるという。

また、写楽の落款は最初のうち「東洲斎写楽」なのに、途中から「写楽」に変わっている。短期間のうちにわざわざ落款を変えたのは絵師が変わったからではないか。

こうしたことから写楽はひとりではなく、複数人いたという説はほかにもある。複数人の合作か分担なら、目を見張るような画風の変遷にも説明がつく。短期間に猛スピードで膨大な作品を描けた謎も解けるのだ。

■幻の能役者・斉藤十郎兵衛は実在した

ところが、さまざまな写楽説が唱えられるなかで、これらを打ち消すような説が浮上してきた。写楽＝斎藤十郎兵衛説である。

そもそも史料によれば、彼こそが写楽なのである。というのは、天保《てんぽう》15（1844）年に斎藤月岑《げっしん》が著した浮世絵師の人名事典『増補浮世絵類考《ぞうほうきよえるいこう》』のなかに「写楽は俗称を斎藤十郎兵衛という」とはっきり記されているのだ。

これによると、写楽こと十郎兵衛は阿波徳島《あわとくしま》藩主に仕える能役者で、八丁堀《はっちょうぼり》に住んでいた。歌舞伎役者の似顔絵を描いたが、真実を描こうとしたあまりに誇張しすぎたため世間に受け入れられず、1年ほどで活動を止めたとしている。

写楽を20世紀はじめにヨーロッパへ紹介したドイツ人の研究家ユリウス・クルトも、その著『SHARAKU』のなかで斎藤十郎兵衛の名を記しているくらいだ。

しかし、ここまで明確に写楽の正体が記され短期間で筆を置いた理由も判明しているにもかかわらず、「写楽別人説」がこれだけ取り沙汰されるのはなぜなのか。それというのも、斎藤十郎兵衛が実在した証拠が長く見つからなかったからにほかならない。

また『浮世絵類考』は、もともと写楽が登場する以前の寛政元（1789）年に大田南畝《おおたなんぽ》によって書かれたものだ。それに幾人かが写本と加筆を繰り返して作られている。

写楽についての記述も、最初は「真実を描こうとしたあまりに～」という筆を置いた理由しか記されておらず、写楽の俗称が斎藤十郎兵衛だと加筆されたのは写楽が世間から姿を消してのち約50年も経ってからなのである。

これでは記述の信憑性が疑われても仕方ない。しかも当時、巷では人気のあった人形浄瑠璃の「国はどこ」「阿波徳島」「名は何という」「十郎兵衛」というセリフが流行っていたこともあり、「阿波徳島藩主に仕える十郎兵衛」はいかにもつくり話に聞こえるのだ。

そのうえ、斎藤十郎兵衛の実在を裏付ける史料が見つからなければ、十郎兵衛は架空の人物で写楽は別人だという説が消えないのも当然である。

しかし、のちになって阿波藩の給料名簿から斎藤十郎兵衛の名前が見つかり、続いていくつかの能役者名簿からも十郎兵衛の名前が発見されている。

このことから十郎兵衛が実在していたことは明らかとなった。大名に仕える能役者は1年交代で勤務することがあったというから、その1年間で「写楽」として浮世絵師のアルバイトをしていたとしても不思議ではない。

とはいえ、いまだ写楽の謎のすべてが解けたわけではない。短期間になぜ画風が大きく変わったのか、翌々年に再び絵師として登場しなかったのはなぜなのかなどは依然として不明のままだ。

島原の乱の首領「天草四郎」の最期を彩る奇怪な話

■たったひとりだけの生存者

江戸時代初期の寛永14（1637）年、幕府を震撼させる事件があった。島原《しまばら》・天草《あまくさ》地方で起きた大規模な民衆蜂起、すなわち「島原の乱」である。一揆の総大将は天草四郎時貞《あまくさしろうときさだ》。まだ10代のキリシタンの少年だった。

この島原の乱は宗教一揆とみられることが多いが、そこにはキリシタンでない者も含まれていた。

たしかに小西行長《こにしゆきなが》、有馬晴信《ありまはるのぶ》と旧領主がキリシタン大名だったこのあたりでは領民にも信仰が広まっており、幕府によってキリスト教が禁止されてからも密かに信仰を続ける者が少なくなかった。そのため、現領主の松倉重政《まつくらしげまさ》・勝家《かついえ》親子は激しくキリシタンを弾圧している。

その一方で、松倉親子は領民に重い年貢を課していた。年貢を払えない者には拷問を加えたともいわれている。重税にあえぐ領民に追い討ちをかけるように凶作が起こった時でさえも厳しく年貢を取り立てたのだ。こうした圧政が民衆を蜂起に向かわせたのである。

島原と天草でほぼ同時に始まった蜂起は最初のうちこそ快進撃を続けたが、民衆が集めた武器や弾薬では数に限りがある。やがて彼らはひとつに結集し、島原にある原城《はらじょう》に籠もって戦うことになったのだ。

戦は熾烈を極めた。およそ３万７０００人が籠城したとされているが、これに対して幕府側は12万以上もの大軍を送り込んだ。大軍勢を相手に一揆軍も果敢に戦ったものの、武器や食料が底をつくと、総攻撃を受けて約３カ月後に全滅したのである。

この総攻撃はまさに殲滅《せんめつ》作戦だった。ただし、一揆に参加した全員が戦死したわけではない。幕府軍は生き残った者でさえもひとり残らず捕らえて皆殺しにしているのだ。

城内には女や子どももいたが容赦はなく、物陰に隠れている子どもを引きずり出して殺す場面もあったという。その数は数千とも1万とも伝えられた。

近年行われた原城址の発掘では、このように惨殺された人々の人骨が多数発見されているのだ。

こうして一揆軍が根絶やしにされたことは事実なのだが、じつはただひとり、例外だった人物がいる。山田右衛門作《やまだえもさく》という南蛮絵師だけは幕府軍に捕らえられながらも生き延びているのだ。彼が殺されなかったのは、一揆軍を裏切って幕府側に内通していたからである。

■山田右衛門作の裏切り

山田右衛門作とは、どんな人物だったのか。

詳しいことはわかっていないが、当時としてはめずらしい西洋画の南蛮絵《なんばんえ》の技法を習得していることからすると、かつてはキリシタンであったと思われる。

この時代に洋画を教えていたのは教会のセミナリオ（イエズス会の学校）だったからだ。だが、その後は改宗して有馬家、松倉家に絵師として仕えた。

一揆軍のなかで山田右衛門作は主要メンバーのひとりとなっていた。天草四郎が使ったといわれている天使や聖杯が描かれた陣中旗は、彼の手によるものと伝えられている。また、幕府側が降伏を促す使者を送った際には交渉役にも選ばれているのだ。

そんな山田がなぜ裏切り行為に走ったのだろうか。

本人の証言によれば、妻子を人質にとられて無理やり一揆に加担させられたからだという。自らの意思で参加したのではなく、一揆への思い入れなどなかったのである。

形勢が日に日に悪くなっていくなかで、山田は生き延びたいと痛切に願ったのだろう。そしてチャンスが訪れる。幕府の使者が偶然にも有馬家の旧臣で、しかも顔見知りだったのである。

山田は内通者となって城内の詳しい情報を流し、幕府軍の攻撃の手はずを整える道を選んだ。さらに、四郎を騙して生け捕りにする作戦まで考えていたのだ。

ところが、裏切りの事実が発覚して山田は一揆軍に捕らえられてしまう。あわや処刑されるかというところで幕府側の総攻撃が始まり、辛くも逃げ延びることができたわけである。

■天草四郎は生き延びた？

ところで、一揆のリーダーだった天草四郎は多くの謎に満ちた人物だ。実在したことは確かなのだが、あまりにもその記録が少ないのである。

リーダーとはいえ、もともと一揆を計画したのは小西行長の旧臣たちで四郎本人ではない。民衆を結集するにはカリスマ的な存在が必要だったため、四郎を〝天の使い〟と称して担ぎ上げたとみられている。

まだ幼いうちから読み書きができたとか、手の上に止まった鳩が卵を産み、そこからキリシタンの経文を出したとか、さらには海の上を歩いて渡ったなど、当時、四郎が起こした奇跡の数々がまことしやかに語られた。

しかし、これらはカリスマ性を高めるために流された話である可能性が高い。

もっとも、これだけの民衆を集めることができたのだからそれなりに魅力のある人物ではあったのだろう。ただし、眉目秀麗《びもくしゅうれい》な少年という姿は後世の創作らしい。

その四郎は総攻撃の際に命を落としたとされるが、彼の死についても謎が残っている。

『嶋原一揆松倉記《しまばらいっきまつくらき》』の記述によれば、細川越中守《ほそかわえっちゅうのかみ》の家臣・佐野《さの》佐左衛門《すけざえもん》が四郎の首級を挙げたとされている。

だが、籠城してからの四郎はほとんど人前に姿を現すことはなく、本丸の一室で祈りを捧げていたという。となると、幕府軍の兵が戦場で四郎を見かける機会はなかったはずだ。

しかも一揆軍が全滅したとあっては、その顔を知る者はいなかった。そこで、すでに捕まっていた四郎の母親が検分に連れてこられた。

母親は次々と少年の首が並べられても気丈に振る舞っていたが、佐左衛門が討ち取った首を前にして急に泣き崩れたというのだ。それゆえ、その首が四郎のものだと判断されたのである。

ただし、この時「これが四郎である」と断言しているわけではない。そのうえ、一揆軍でただひとり生き残って四郎の顔を知っているはずの山田は首実検をしていないのだ。

そこから、天草四郎は生き残って密かに逃げ延びたという生存説も生まれたのである。

シーボルト事件の裏側に見え隠れする「意図」

■数奇な運命をたどった男

日本が長い鎖国状態だった江戸時代、唯一外国への窓を開いていた長崎にひとりの外国人医師がいた。

1796年ドイツ生まれ、本名はフィリップ・フランツ・フォン・シーボルト。医学だけでなく動植物学、民俗学などにも造詣が深く、文政《ぶんせい》3（1823）年に長崎オランダ商館付きの医師に任命され、ドイツ人という身を隠して来日した。

もともと日本に強い興味を抱いていたからか、滞在年数はわずかであったものの、日本人からは「出島《でじま》のシーボルト先生」と親しまれ、その博識ぶりで多くの信頼を集めた。

日本と日本人を愛し、また日本人も彼を慕った。だが当時、彼ほど数奇な運命に

シーボルト事件の全貌はいまだヴェールに包まれている

もてあそばれた外国人はほかにいない。文政11（1828）年、シーボルトは不可解な事件に巻き込まれているのだ。

■事件の発端

シーボルトの活動は来日当初から精力的だった。基本的に外国人は出島から出ることは許されなかったが、彼だけは例外的に市内往診を行ったり、鳴滝《なるたき》に私塾を設立して高野《たかの》長英《ちょうえい》や伊藤圭介《いとうけいすけ》といった若き学者の卵たちを集め、蘭学の講義を行っている。

私生活では長崎で知り合った楠本滝《くすもとたき》という元遊女との間に女児イネも生まれた。このイネとは後世日本初の女医として活躍した女性である。

まさに満ち足りた日本での生活であったが、来日から6年後、オランダへの帰国を目前に迎えた直前、ある事件が起こった。

文政11（1828）年8月、長崎に大型の台風が上陸し、オランダへと向かう船が座礁し大破した。その積荷から出てきたのは大量の禁制品。日本地図や葵の紋服など、国外への持ち出しを禁じられているものばかりであった。

その持ち出しの犯人こそがシーボルトだった。彼はこれにより国外永久追放処分を受け、これらをシーボルトに渡した幕府の高橋景保《たかはしかげやす》なども罪に問われ投獄されるなど、延べ50人の関係者が取り調べを受けたのである。

この「シーボルト事件」はのちに蘭学者の弾圧にまで発展するほどの大事件となったのだが、事件にはどうにも不可解な点が多い。

いったいなぜ、シーボルトは日本地図を国外に持ち出そうとしたのか。これは単にひとりの外国人が好奇心だけで試みた行動とは考えにくいのだ。

■本国オランダが下した「密命」

シーボルトは来日３年目には商館長の江戸参府に同行し、江戸で多くの日本人と交流している。

じつは事件で見つかった禁制品の大半は、この江戸参府の際に入手したものだとみられている。

そのなかには幕府眼科医の土生玄碩《はぶげんせき》より渡された葵の紋服、そして幕府天文方《てんもんかた》で書物奉行の高橋景保から渡された日本地図などがあった。

シーボルトはそれと交換で瞳孔を開くための薬の製法、そして『世界一周記』なる地理の本などを渡した。

また江戸で多くの情報を収集したシーボルトは、樺太探検で名を馳せた間宮林蔵《まみやりんぞう》のことを知り、林蔵に「樺太の植物標本を送って欲しい」と手紙と贈り物を送っている。

しかし外国人との私信が禁じられていた当時、幕府方の林蔵は包みを開けずに奉行所へ届け出た。

それがきっかけでシーボルトは幕府が禁じている日本人との取引を疑われ、さらに冒頭の台風の一件で禁制品の国外持ち出しが明らかになったのだ。

取調べの最中、シーボルトは関係者に罪が及ばぬよう協力者の名について堅く口を閉ざしたという。そこにはシーボルトの日本人への思慕の念があったのかもしれない。

多くの日本人と友好的な関係を築き、いとしい愛人と子もいながら、なぜシーボルトはこれほどのリスクを負ってまで地図を持ち出そうとしたのだろうか。

これにはオランダがシーボルトに託したある「密命」があったといわれている。

オランダは17世紀に東インドを中心に植民地政策で成功したが、18世紀に入るとナポレオンに征服され没落していった。

そこで再び植民地政策に力を入れようとするが、この時興味を持ったのがオランダに唯一窓を開いていた日本だったのである。

日本に並々ならぬ好奇心を抱いたオランダは、医学をはじめとしてさまざまな知識を擁しているシーボルトに「日本研究」という重大な任務を任せたのである。その証拠に、私設の鳴滝塾の開設費用や出島に造った植物園などの建設費用も、すべて本国オランダ政府が出している。

さらにオランダ商館は、弱冠27歳のシーボルトを「本国でも高名な医者」だと紹介し、日本人の頼れる医者になりうるとわざわざ喧伝《けんでん》までしている。

それだけではない。シーボルトは私塾で高野長英らに蘭学を教授する代わりに、生徒から日本の風習や農法、茶の製法などをオランダ語でレポートさせていた。

もちろん、シーボルト自身の日本に対する研究心もあっただろうが、それらは日本の情報としてまとめられ、すべて本国オランダへと送られていたのである。

■持ち出された国家機密

この時シーボルトが持ち出そうとした禁制品は基本的に幕府が没収した。それでもシーボルトが、オランダや故国ドイツに持ち出した日本のコレクションは相当な数になる。

そのなかには先の塾生たちのレポートをはじめ、地図、衣類、什器、武具、民具のほか、相撲の化粧回しや商店の看板、画家・川原慶賀《かわはらけいが》の写生画、さらに葛飾北斎による風俗画などもあった。

さらに、近代になって江戸城本丸内部を表した地図までシーボルトゆかりの町であるオランダのライデン市で見つかった。

これは当時、国外に持ち出すことはおろか、江戸でも入手困難のいわば国家機密だったはずである。これがオランダにあるということはシーボルトが日本滞在中に密かに送ったものであることは間違いない。

しかし、入手経路についてはもちろん不明で、考えられるとすれば幕府で書物奉行をしていた高橋景保など、内部で手引きした者がいたのではないかということぐらいだ。

事件によって永久追放されたシーボルトは研究の成果を『日本』という大著にまとめ、日本研究の第一人者として評価されている。さらに60歳を過ぎてからは永久追放令が解かれ、念願の再来日も果たした。

しかし、シーボルト事件についてだけは勃発当時もその後もシーボルト本人だけでなく関係者の口も重く、その全容は明らかにされていない。

果たしてどんな任務や目的があって来日したのかはわからないが、いずれにしても若きシーボルトが鎖国状態のなかにいる日本の若者に与えた影響はとてつもなく大きかったに違いない。

事件後に国外永久追放を言い渡され、ひとりオランダ船に乗り込んだシーボルトは、漁師に変装した弟子たちによって小船からこっそり見送られている。

このエピソードから伝わってくるのは「国家の密命を受けスパイの嫌疑をかけられた異邦人」ではなく、「豊かな知識をもたらした日本の恩人」たるシーボルトの姿だったのだ。

アメリカ公使館通訳ヒュースケン暗殺の〝目的〟

■各国公使から信頼されていた通訳者

数多くの暗殺事件が起こった幕末だが、その犠牲者のなかには外国人も少なくなかった。

「日米和親条約」の締結後、日本国内には外国人の姿が一気に増えたが、生活習慣や礼儀作法について日本人とはまったく異なる外国人の姿は、当時の人々にはただでさえ異様に見えた。

攘夷派にしてみれば、なおさら目障りなものだったに違いない。各地で外国人襲撃が起こり、なかにはさしたる理由のないものもあった。

特に安政《あんせい》6（1859）年に起こったロシア人士官と見習の船員の暗殺や、その翌年のオランダ商船船長らの殺害事件などは、犯人さえ判明せず、当時の混乱をよく表わしている。

なかでも、もっとも大物の被害者として知られるのがヘンリー・ヒュースケンである。

アメリカ公使館の通訳だったヒュースケンは、自分から志望して安政2（1855）年から駐日総領事ハリスの書記兼通弁官となった。

彼は、単なる通訳ではなく、外交感覚にも優れていた。ハリスが重病で倒れた時には、ハリスの代理として幕府との交渉や会議の席に着くなどの活躍をした。

また語学に関しても、英語、オランダ語、フランス語、ドイツ語などに通じており、場合によってはイギリスやプロシアなど自国以外の外交交渉にも協力した。各国の総領事から慕われ、必要とされていた人物だった。

そんなヒュースケンが襲われたのは、万延《まんえん》元（1860）年12月5日のことである。

江戸の赤羽橋近く（現在の港区三田付近）にあるプロイセン代表部の宿舎での仕事を終えた彼は、いつものように馬車に乗り込んで宿舎である善福寺に帰ろうとしていた。

その途中、芝新河岸《しばしんがし》あたりにさしかかった時に事件は起こった。道の両側に潜んでいた数人が一斉に襲いかかってきたのだ。

彼には幕府がつけた護衛が一緒だった。しかしあまりにも急な襲撃で、応戦する間もなくヒュースケンは左右から両方の脇腹を刺されてしまう。

急いでアメリカ公使館へ向かい、すぐに手術を受けたのだが、ついに助からずに翌日死亡した。

■いまだにわからない暗殺の「目的」

この事件は、ほかの外国人襲撃事件以上の騒ぎとなった。ヒュースケンがアメリカ以外の国からも慕われ、必要とされていた人物だからだ。

葬儀にはアメリカだけでなくロシア、オランダ、イギリスなどの公使館員や水夫が参列し、ヒュースケンの死を悼むとともに、攘夷運動のなかで外国人暗殺が続く日本に対する威嚇の姿勢を示すものとなった。

ハリス総領事は、もちろん犯人逮捕と賠償金の支払いを迫り、幕府は一万ドルを支払っている。そして犯人逮捕に乗り出すが、捜査は簡単ではなかった。

最初は、水戸浪士による犯行ではないかと疑われた。しかし、やがて清河八郎《きよかわはちろう》という浪人が首謀者として暗殺の計画を立て、薩摩藩の伊牟田尚平《いむたしょうへい》がその計画を実行に移したことが判明した。

しかし、なぜヒュースケン暗殺を思いついたのか、その動機は判然としなかった。清河八郎といえば、のちに幕府の命令によって新選組の母体となった浪士組を結成しながらも、幕府に反して攘夷を主張して近藤勇《こんどういさみ》らと対立した人物だ。それを考えれば、外国人なら誰でもいいから襲撃したということも考えられた。

特にヒュースケンは日本に居住する外国人の間で人望があったために、あえて標的に選んだという可能性もあった。

しかし、結局その真相はわからないままである。

ただ、この暗殺事件によって幕府はいっそう追い込まれることになった。ただし、もしそこに攘夷派の狙いがあったのだとすれば、清河八郎の計画はある程度は成功したことになるのかもしれない。

日露戦争で暗躍した「明石元二郎」の正体

■日露戦争に専念できなかったロシア

明治37（1904）年2月に勃発した日露戦争は、翌年の9月に「ポーツマス講和条約」が結ばれて終結する。じつはこの時期、日本とロシアは共に戦争を終わらせたい事情を抱えていたのだ。

多大な戦費と兵力を消耗していた日本には、さらに戦争を継続するだけの経済的余力が残っていなかった。

一方、ロシア国内では暴動やデモが頻発していた。ロシアにとっては国内情勢を安定させるほうが先決で、対外戦争に集中できるような状況ではなかったのである。

当時、ロシアでは皇帝の圧政に苦しむ民衆が、専制政治に対する抵抗運動を活発化させていた。その動きはロシアに併合されていたフィンランドやポーランド、

スパイ網を張り巡らせて情報を収集した明石元二郎

コーカサス地方にも広がっていく。

とりわけ、明治38（1905）年1月に首都ペテルブルグで起きた「血の日曜日事件」は、人々の怒りに火をつけた。労働条件や生活苦の改善を求める民衆が皇帝への請願デモを行おうとしたところ、軍隊が発砲して多数の死傷者を出したのだ。

これが契機となって全国規模の反乱、すなわち「第一次ロシア革命」へとつながっていったのである。

日露戦争の最中に起きた数々の反乱はロシアの注意を国内に向けさせることになり、日本としては戦況を有利に進める一因になった。だが、こうした反乱は偶発的に起きたのではなく、背後にひとりの日本人の存在があったという。その人物とは参謀本部付の武官だった明石元二郎《あかしもとじろう》だ。

伝説の諜報員とも呼ばれる明石は不満分子を扇動し、ロシアを内部から瓦解させようと暗躍していたのである。

■スパイ網を張り巡らせて情報を収集

明石の活動は日露戦争以前から始まっていた。第一の任務は情報の収集だ。明治

35（1902）年、駐ロシア公使館付陸軍武官に任命されてペテルブルグへ赴任すると、彼はすぐさま諜報活動を開始している。ロシアとの緊張が高まるなか、敵の国内情勢を探る必要に迫られていたからである。

とはいえ、日本人の武官がむやみやたらに動き回っては目立ちすぎる。そこで明石は外国人スパイを雇い、情報収集に努めた。スパイたちの素性ははっきりしていないが、ロシア人将校が情報提供者になったこともあったらしい。

開戦後は情報収集がさらに重要になった。ロシアの戦力を事前に知ることができれば、戦略を練るうえでおおいに参考になるからだ。

明石はシベリア鉄道を監視し、どれだけの兵力や武器が前線に送り込まれるかを日本に報告した。輸送を妨害するためにシベリア鉄道の爆破も何度となく計画している。

ただ、これは小規模の爆破しか成功させることができず、大規模な破壊には至らなかったため最終的に明石も計画を断念した。

そして日本がロシアに宣戦布告をし、活動拠点がスウェーデンのストックホルムへ移ってから明石は第二の任務にとりかかった。のちに伝説として語り継がれることになる〝明石工作〟が幕を開けたのである。

■反政府勢力を動かした明石の工作

ロシアの事情に詳しくなるにつれ、明石にはこの大国がけっして一枚岩ではないことがわかってきた。国民の間には帝政に対する不満がくすぶっており、ロシア内外に多数の反政府勢力が存在していたのだ。

ロシアに内乱が起きれば日本の戦況も有利になるとみた明石は、反政府勢力と手を組むことを決意する。

もっとも、反政府勢力とはいっても彼らは一致団結して行動していたわけではない。帝政に反抗するという目的だけは共通していたが、民族や地域によって、あるいは組織ごとに掲げる目標や理念が異なっていたため、それぞれが別々に活動をしていたのである。暴力も辞さない過激な組織もあれば穏健派もいた。

しかし、バラバラに行動していたのでは国をひっくり返すほどの大きなうねりは起こせない。そこで、各地の反政府勢力をひとつにまとめる必要があった。

そんな時に明石の右腕として協力したのがコンニ・シリアクスである。

フィンランドからの亡命者であるシリアクスは熱心な活動家で、フィンランドの自治を回復したいと願っていた。その目的を達するには抵抗勢力を統合して、ロシア政府を弱体化させることが一番の早道だと考えたのだ。

ふたりはヨーロッパを飛び回って活動家と接触し、共同戦線を張ることを呼びかけた。明石は彼らに活動資金や大量の武器も与え、裏から反乱を煽り立てたのである。

ただし、これはあくまでも伝説にすぎず、明石の活動はほとんど革命に影響を与えなかったという説もある。明石の工作が功を奏したという証拠は何もないのだ。ロシア国民の不満は爆発寸前になっており、彼が扇動しなくても同じ結果を招いただろうともみられている。

それにもかかわらず、明石のエピソードが神話化されているのは、おそらくその規模によるものだろう。

彼が工作に使った金は１００万円に上ると伝えられている。当時は１００円あれば豪邸が建てられた時代で、現在の金額に換算すると相当な金額になるという。

明石の暗躍がどれほどの効力を発揮したかは定かではないが、ひとりの諜報員が類を見ないほど膨大な資金を使って暗躍していたことは事実なのである。

「赤報隊」をニセ官軍に仕立てあげた明治新政府の策略とは？

■討幕の一翼を担っていた草莽の志士

江戸時代の末期から明治の初めにかけて討幕派の中心をなしていたのは薩摩《さつま》や長州《ちょうしゅう》だ。その薩摩藩と長州藩らを軸にした薩長軍は幕府を倒し、新時代の基礎を築いた立役者である。

しかし、討幕活動を行っていた者の中には草莽《そうもう》の志士も多数含まれていた。草莽とは藩兵ではない民間人の有志のことで、農民や商人、時には無頼の者までが混じっていた。彼らは私設部隊を結成し、各地で討幕運動を展開していたのである。

赤報隊《せきほうたい》もそんな草莽のグループのひとつだ。リーダーの名は相楽総三《さがらそうぞう》。その存在すら知らない人も多いかもしれない。

裕福な郷士の家に生まれた相楽は、本名を小島将満《こじままさみつ》という。相楽という名は討幕活動に身を投じてからの変名である。

やがて彼の活躍は薩長にも知れ渡るようになり、西郷隆盛《さいごうたかもり》が認めるほどの存在になった。相楽もまた西郷に共鳴し、ふたりは深く結びついて行動するようになっていく。

たとえば、慶応《けいおう》４（１８６８）年の「鳥羽・伏見の戦い」を引き起こす契機となったのが江戸にある薩摩藩邸の焼き討ち事件だが、これは薩摩が仕組んだ罠だった。幕府を挑発するため、浪士に火付けや強盗などの狼藉を働かせたのだ。これらを主導していたのが西郷の命を受けた相楽である。

燃え盛る薩摩藩邸を脱出して京都に到着した相楽は赤報隊を結成し、東征を行う官軍の先鋒隊を務めることになった。

官軍本体が物資や資金を調達しやすいように、道中の平定や探索を行うのが任務である。

ところが、意気揚々と江戸に向かった赤報隊を待ちかまえていたのは思いもかけぬ悲劇だった。

先鋒隊とはいえ、赤報隊はれっきとした官軍の一員だったはずである。それにもかかわらず、彼らは新政府からこともあろうかニセ官軍の汚名を着せられ断罪されてしまったのだ。

■わずか2カ月で消滅した赤報隊

慶応4（1868）年1月8日に結成された赤報隊は、綾小路俊実《あやのこうじとしざね》、滋野井公寿《しげのいきんひさ》というふたりの公卿《くぎょう》に従い、現在の中山道の前身にあたる東山道《とうさんどう》を行くことになった。総勢300人にもなろうかという大所帯である。

もっとも、内部は3つのグループに分かれていた。互いの連携はあまりよくなかったようで、途中からはそれぞれ別行動をとっている。このうちもっとも激しい弾圧を受けたのが、相楽が率いていた一番隊だった。

悲劇の予兆はかなり早い時期に現れていた。出発して間もない頃から京都では悪い噂が流れていたのだ。

それは赤報隊が新政府からの命令を無視して勝手に進路を変えている、道すがらの村々で金品を強奪しているといった類のものだった。

噂を耳にした相楽は戸惑った。略奪行為など働かないよう隊士の行動を厳しく戒めていたからである。

ただし、進路については根拠のない話ではない。彼らは京都へ戻れという命令に従わず、東海道総督府の指揮下に入れと伝えられても強硬に東山道を進み続けたからだ。

東海道のほうが官軍に従いやすいと見た相楽は、東山道を平定することこそが重要だと考えていたのである。いつしか進軍を続けるメンバーは一番隊だけになっていた。

そして事態はさらに悪化する。一行が信州を通過している最中に、官軍の先鋒隊と称している赤報隊はニセ官軍であり、追討すべしという通達が新政府からなされたのだ。これを聞いた信州の諸藩が陣を急襲し、多くの隊士が捕縛されてしまったのである。

相楽も下諏訪《しもすわ》の本陣から呼び出しを受け、そのまま捕らえられた。雨風が吹きすさぶなか、縄で縛りつけられたまま戸外に放置された彼らにはいっさい弁明の場が与えられなかったという。

３月３日、ついに相楽以下８名の者が斬首され、赤報隊は結成からわずか２ヵ月という短期間で消滅したのである。

■赤報隊をニセ官軍に仕立て上げた新政府

赤報隊はたしかに上層部の命令に従わない部分もあった。しかし、新政府が彼らをニセ官軍と断定した理由は別にある。

先鋒隊として出発する前、相楽が奔走して手に入れたのが「年貢半減」の勅諚《ちょくじょう》書《しょ》だ。彼が提出した建白書が認められたもので、この年の年貢を半減し、前年の未納分にも適用されるという内容になっていた。

年貢半減令にはいくつかの狙いがあった。それまでは幕府が支配していた土地がすべて天皇の所領になることを示し、新政府は民衆の負担に配慮する慈悲にあふれた存在だとアピールできるからだ。

幕府の権威失墜を印象づけ、人心をつかむための策略である。赤報隊は行く先々でこの年貢半減の触書を立てた。

しかし、年貢半減令はたちまち新政府の重荷になってくる。まだしっかりとした政治体制が確立していないこの段階では財政が逼迫していたからである。

何より幕府を討つためには軍資金が必要で、寺社や商人に多大な献金を求めていたほどだ。大事な収入源である年貢を減らすことなど到底できるはずがなかった。とはいえ、年貢半減令はいったんは新政府が正式に認めた公約である。すぐに前言を撤回しようものなら民衆の信頼を失いかねない。

そこでターゲットになったのが赤報隊だった。

赤報隊をニセ官軍に仕立て上げてしまえば、年貢半減令も彼らが勝手に吹聴している絵空事だと言い逃れることができる。新政府は年貢半減令そのものをなかったことにしてしまおうと企んだわけである。

つまり、赤報隊は新政府の都合によって抹殺されたというのが真相なのだ。

この時期、九州の花山院《かざんいん》の一党や、赤報隊と同じ東山道を進んだ高松隊《たかまつたい》など、新政府から切り捨てられた草莽の志士たちは少なくないという。

悲劇に散った赤報隊の汚名がそそがれたのは、相良が首をはねられてから60年も経ったのちのことだった。

「5・15事件」の裏に隠されたチャップリン暗殺計画のシナリオ

■狙われた「世界の喜劇王」

世界の喜劇王といわれたイギリスの映画俳優チャールズ・チャップリン。映画俳優として多くの作品に出演した彼は、監督や脚本、作品のプロデュースも手がけ、その生涯で80本あまりの作品を発表した。

だぶだぶのズボンと山高帽にちょび髭、というおなじみのスタイルでコミカルなキャラクターを演じた彼は、観客の笑いを誘いながら当時の世相を巧みに風刺した。その作品は現在でも世界中の多くのファンから愛され続けている。

そんな彼と、戦前の日本で起きた凶悪なクーデター未遂事件に接点があったとはにわかに信じ難い話である。

じつは、チャップリンがはじめて来日したのは昭和7（1932）年の5月14日

1931年、神戸に到着したチャールズ・チャップリン

のことだった。何の偶然か、反乱を起こした青年将校グループによって当時の総理大臣が暗殺された「5・15事件」の前日に彼は日本を訪れていたのである。

そして、犯人グループのターゲットとした人物のなかに、あろうことかチャップリンの名前も入っていたというのだ。

■犬養首相との面会が決まる

昭和7（1932）年、チャップリン一行は1年半かけた世界一周旅行の途中で日本に立ち寄った。彼が乗った船は神戸港に入港し、何千という群集から熱烈な歓迎を受けた。

のちにチャップリンは自伝でこの時の様子を振り返って、着物姿の艶やかな淑女が熱狂する様子に驚いたと書いているほどで、日本でのチャップリン人気は相当なものだったようだ。

そのチャップリンの秘書が日本人だったことはご存じだろうか。高野虎市《こうのとらいち》という男性である。

広島で生まれた高野は若くしてアメリカに渡り、運転手としてチャップリンに雇われた。映画など興味もなかったという高野だったがその熱心な仕事振りが気に入られ、やがて専属の秘書としてチャップリンを支えた人物である。

高野はチャップリンが訪日する前、首相官邸を訪れて綿密な打ち合わせをしている。チャップリンはＶＩＰとして迎えられ、当時の犬養首相と面会することは新聞でも大々的に報じられていたのだ。

■熱烈な歓迎の裏で

来日したチャップリンは神戸から汽車に乗って一路、東京へ向かう。汽車が東京駅に着いたのは夜の9時をまわっていたが、そんな時間にもかかわらず東京駅には4万人という人々が世界的大スターをひと目見ようと集まっていたという。

群集は彼の宿泊先の帝国ホテルにも押しかけ、あまりの人の多さにホテルの出入り口のドアが壊れてしまったという話もあるのだ。

ところで、チャップリンを乗せた車は、東京駅からホテルに向かう途中で皇居に立ち寄るとその前で突然停車した。これはチャップリンのリクエストではない。

じつはこの時高野は、車から降りると皇居に向かって一礼するようにチャップリンに頼んでいるのだ。チャップリンはそれに従い、このことは当時の新聞でも報じられたという。

これが何を意味するのか。高野は、チャップリンが親日家であることを広く世間にアピールするために一計を案じたのである。高野がその後の暗殺計画を事前に察知していたのかは定かではないが、この来日劇の水面下では、世界の喜劇王をめぐるさまざまな動きがあったのだ。

■なぜチャップリンは狙われたのか?

そして、事件は人々がチャップリン来日に熱狂した翌日の5月15日に起きた。

軍事政権の樹立を目論んだ青年将校の一団が銃を手に首相官邸に車で乗りつけ、犬養毅《いぬかいつよし》首相に面会を求めたのである。そして、押し問答の末に犬養を射殺した。

さらに、犯人グループの別働隊が警視庁や変電所を襲った。ところが破壊工作はいずれも失敗に終わり、クーデターは首相の命を奪っただけで未遂に終わったのだ。

そんな彼らが、なぜチャップリンまでも狙ったのだろうか。事件後の裁判で、それを尋ねられた首謀者の古賀清志《こがきよし》の発言が当時の記録に残されている。

彼らは、アメリカを活動の拠点とし、人々から愛されていたチャップリンを殺害することでアメリカ国民を挑発しようと考えた。その結果、アメリカとの戦争が引き起こせると信じていたのだ。

つまり、チャップリンの暗殺は彼らがめざした革命の一環だったというわけだ。

さらに、世界旅行を続けるなかでチャップリンは当時のイギリス首相のチャーチルやインドのガンディーとも面会を果たすなど、すでに世界的な名士といっても過言ではなかった。そんなチャップリンの命を奪うことは、古賀らの予想以上に、日本の軍部の恐ろしさを世界に伝える出来事になりかねなかったのだ。

しかし、チャップリンはかすり傷ひとつ負うこともなかった。

彼は事件が発生した時間に官邸には出向いておらず、犬養首相の息子である犬養健《たける》秘書官らと共に両国の国技館へ相撲見物に出かけていたからだ。

事件当日、首相官邸では世界的な大スターの歓迎会が行われる予定だったが、気乗りしないとしてチャップリンはこの会を翌日に延期させている。虫の知らせがあったのだろうか、とにかくチャップリンは命拾いをしたのだった。

参考文献

『随筆　それからの武蔵』（小山勝清／島津書房）、『キリシタン大名』（岡田章雄／教育社）、『ザビエルの謎』（古川薫／文藝春秋）、『五輪書』（鎌田茂雄／講談社）、『宮本武蔵』（吉川英治／講談社）、『二天記』（豊田正剛／徳間書店）、『宮本武蔵とは何者だったのか』（久保三千雄／新潮社）、『剣豪伝説』（小島英熙／新潮社）、『菅原道真』（阿部猛／教育社）、『王朝政治』（森田悌／講談社）、『日本の歴史9　南北朝の動乱』（佐藤進一／中央公論新社）、『天皇になろうとした将軍』（井沢元彦／小学館）、『日本の歴史11　戦国大名』（杉山博／中央公論社）、『人物日本の歴史9　戦国の群雄』（桑田忠親、早乙女貢、江崎誠致、南条範夫、新田次郎、田中千禾夫／小学館）、『頼朝の精神史』（山本幸司／講談社）、『日本の歴史7　鎌倉幕府』（石井進／中央公論新社）、『NHKにんげん日本史　源頼朝　武家の時代を開く』（理論社）、『日本古典文学大系　愚管抄』（岩波書店）、『鎌倉武士の実像』（石井進／平凡社）、『新版歴史読本』（山本茂／光文社）、『「江戸～東京」の歴史がわかる東京散歩地図』（舘野充彦／講談社）、『千利休』（村井康彦／講談社）、『利休九つの謎』（関口多景士／近代文芸社）、『必携　千利休事典』（世界文化社）、『出雲神話の真実』（関裕二／PHP研究所）、『神の塔　出雲大社の暗部をえぐる』（祖田浩一／時事通信社）、『日本書紀塗り替えられた古代史の謎』（関裕二／実業之日本社）、『古代出雲大社の復元　失われたかたちを求めて』（大林組／学生社）、『謎が謎を呼ぶ古代を解く』（黒岩重吾／PHP研究所）、『「記紀」はいかにして成立したか』（倉西裕子／講談社）、『一三〇〇年間解かれなかった日本書紀の謎』（竹田昌暉／徳間書店）、『日本書紀のトリック　隠された大王達』（梶谷賢太郎／近代文藝社）、『安倍清明伝説』

（諏訪春雄／筑摩書房）、『安倍晴明　謎の大陰陽師とその占術』（藤巻一保／学習研究社）、『歴史を動かした男たち　古代・中近世篇』（高橋千劔破／中央公論新社）、『歴史人物シリーズ 幕末・維新の群像 第一巻 坂本竜馬』（邦光史郎／ＰＨＰ研究所）、『龍馬―最後の真実―』（菊地明／筑摩書房）、『坂本竜馬』（池田諭／大和書房）、『徳川秀忠「凡庸な二代目」の功績』（小和田哲男／ＰＨＰ研究所）、『栃木県の歴史』（阿部昭・橋本澄朗・千田孝明・大嶽浩良／山川出版社）、『麒麟、蹄を研ぐ～家康・秀忠・家光とその時代～』（高野澄／日本放送出版協会）、『復元・安土城』（内藤昌／講談社）、『安土城再見天守閣の復原考証』（兵頭与一郎／西田書店）、『新・日本名城１００選』（西ケ谷泰弘編著／秋田書店）、『織田信長』（今井林太郎／朝日新聞社）、『空海―京都・宗祖の旅』（澤田ふじ子／淡交社）、『空海』（頼富本宏監修／ナツメ社）、『目からウロコの空海と真言宗』（福田亮成監修／学習研究社）、『秀吉の野望と誤算―文禄・慶長の役と関ヶ原合戦―』（笠谷和比古、黒田慶一／文英堂）、『豊臣秀吉の朝鮮侵略』（北島万次／吉川弘文館）、『逆説の日本史２　古代怨霊編　聖徳太子の称号の謎』（井沢元彦／小学館）、『歴史「再発見」物語　意外な実相を読み解く』（井沢元彦／廣済堂出版）、『新説　本能寺の変』（阿部龍太郎、立花京子／集英社）、『織田信長合戦全録』（谷口克広／中央公論新社）、『「本能寺の変」本当の謎―謀反者は二人いた―』（円堂晃／並木書房）、『史疑　徳川家康事蹟（現代語訳）』（村岡素一郎、礫川全次訳／批評社）、『聖徳太子はいなかった』（谷沢永一／新潮社）、『鬼の王権・聖徳太子の謎』（関裕二／日本文芸社）、『「日出づる処の天子」は謀略か』（黒岩重吾／集英社）、『聖徳太子の真実』（大山誠一編／平凡社）、『聖徳太子の正体　英雄は海を渡ってやってきた』（小林惠子／文藝春秋）、『写楽　よみがえる素顔』（定村忠士／読売新聞社）、『奈良謎とき散歩』（吉田甦子／廣済堂出版）、『聖徳太子』（上原和／講談社）、『法隆寺の謎』（高田良信／小学館）、『隠された十字架――法隆寺論――』（梅原猛／新潮社）、『法隆寺の謎と秘話』（高田良信／小学館）、『聖徳太子と法隆寺の謎――交差する飛鳥時代と奈良時代』（倉西裕子／平凡社）、『史談太平記の超人たち』（上田滋／中央公論社）、『古都発掘』（田中琢編／岩波書店）、『藤原京』（木下正史／中央公論新社）、『飛鳥古京・藤原京・平城京の謎』（寺沢龍／草思社）、『日本通史Ⅰ歴史の曙から伝統社会の成熟へ』（義江彰夫／山川出版社）、『歴史謎物語』（井沢元彦／廣済堂出版）、『日本書紀の真実』（倉西裕子／講談社）、『逆説の日本史11 戦国乱世編 朝鮮出兵と秀吉の謎』（井沢元彦／小学館）、『日本史「宿敵」26番勝負』（関裕二、後藤寿一、一坂太郎／宝島社）、『覆された日本史』（中村彰彦／日本文芸社）、『えっ！ そうなの？ 歴史を飾った人物たちの仰天素顔』（平川陽一編／徳間書店）、『「古代史」封印された謎を解く』（関裕二／PHP研究所）、『藤原氏の謎』（邦光史郎／光文社）、『学校では教えてくれない日本史事件の謎』（大山格、坂井洋子、瀧澤美貴他／学研マーケティング）、『逆説の日本史4』（井沢元彦／小学館）、『歴史の群像2 黒幕』（黛弘道、邦光史郎、永井路子、永岡慶之助、佐藤和彦、桑田忠親、江崎誠致／集英社）、『古代史から解く伴大納言絵巻の謎』（倉西裕子／勉誠出版）、『日本中世の歴史3 源平の内乱と公武政権』（川合康／吉川弘文館）、『〈日本の中世8〉院政と平氏、鎌倉政権』（上横手雅敬、元木泰雄、勝山清次／中央公論新社）、『後白河法皇』（棚橋光男／講談社）、『鎌倉 北条一族』（奥富敬之／新人物往来社）、『暗殺の歴史 陰の日本史』（百瀬明治／日本書籍）、『言い分の日本史 アンチ・ヒーローたちの真相』（岳真也／東京書籍）、『古代史の秘密を握る人たち』（関裕二／PHP研究所）、『理解しやすい日本史B』（井上満郎、藤田覚、伊藤之雄共編著／文英堂）、『歴史謎物語』（井沢元彦／廣済堂出版）、『歴史「再発見」物語』（井沢元彦／廣済堂出版）、『大江

戸曲者列伝　幕末の巻』(野口武彦／新潮社)、『日本史瓦版』(鈴木亨／三修社)、『江戸の醜聞事件帖―情死からクーデターまで』(中江克己／学研パブリッシング)、『鯰は踊る―江戸の鯰絵面白分析』(若水俊／文芸社)、『日露戦争　勝利のあとの誤算』(黒岩比佐子／文藝春秋)、『病気の日本近代史―幕末から平成まで』(秦郁彦／文藝春秋)、『街なか場末の大事件』(吉田豊編／柏書房)、『戦国合戦・本当はこうだった―逆転の日本史』(藤本正行／洋泉社)、『日本の城の謎〈番外〉伝説編』(井上宗和／祥伝社)、『徳川将軍の意外なウラ事情』(中江克己／PHP研究所)、『日本史人物の謎100』(鈴木旭、島崎晋／学習研究社)、『坂本龍馬　海援隊士列伝』(山田一郎／新人物往来社)、『徳川将軍家十五代のカルテ』(篠田達明／新潮社)、『江戸名所の謎』(雲村俊慥／PHP研究所)、『図説　徳川将軍家・大名の墓―江戸の残照をたずねて』(河原芳嗣／アグネ技術センター)、『おもしろ科学史ライブラリー8【人体・医学】日本の医学の夜明け』(千葉省三／あかね書房)、『古田織部の世界』(久野治／鳥影社)、『チャップリン暗殺　5・15事件で誰よりも狙われた男』(大野裕之／メディアファクトリー)、『名古屋城―尾張を守護する金の鯱』(三浦正幸、馬場俊介、小和田哲男、奥出賢治、中井均／学研パブリッシング)、『実録　新選組』(京一輔／愛隆堂)、『チャップリン自伝〈下〉栄光の日々』(C・チャップリン、中野好夫訳／新潮社)、『早わかり！今さら聞けない日本の戦争の歴史』(中村達彦／アルファポリス)、『謀反人たちの真相』(藤倉七右衛門／文芸社)、『もういちど読む山川日本史』(五味文彦、鳥海靖編／山川出版社)、『見る・読む・わかる　日本の歴史4　近代・現代』(井上勲／朝日新聞社)、『日本史の現場検証2　明治・大正編』(合田一道／扶桑社)、『日本の謀略―明石元二郎から陸軍中野学校まで』(楳本捨三／光人社)、『明石工作　謀略の日露戦争』(稲葉千晴／丸善)、『幕末維新「英傑」たちの言い分』(岳真也／

PHP研究所)、『維新史の再発掘—相楽総三と埋もれた草莽たち』(高木俊輔/日本放送出版協会)、『史談の広場5 盛運衰運』(遠藤周作、尾崎秀樹監修/富士見書房)、『歴史「謎」物語—隠された真相を推理する』(井沢元彦/廣済堂出版)、『藤原氏千年』(朧谷寿/講談社)、『日本の歴史06 道長と宮廷社会』(大津透/講談社)、『宗教で読む戦国時代』(神田千里/講談社)、『検証 島原天草一揆』(大橋幸泰/吉川弘文館)、『日本の城ハンドブック』(小和田哲男監修/三省堂)、『日本の歴史16 天下泰平』(横田冬彦/講談社)、『日本怪僧奇僧事典』(祖田浩一/東京堂出版)、『日本の歴史07 武士の成長と院政』(下向井龍彦/講談社)、『御家騒動—江戸の権力抗争』(百瀬明治/講談社)、『新選御家騒動 下』(福田千鶴編/新人物往来社)、『戦国大名の日常生活』(笹本正治/講談社)、『新編物語藩史 第六巻、第十一巻』(児玉幸多、北島正元監修/新人物往来社)、『謎とき日本合戦史—日本人はどう戦ってきたか』(鈴木眞哉/講談社)、ほか

(ホームページ)
浄土宗大本山 増上寺、和歌山県立医科大学附属病院 紀北分院、深川観光協会、学研キッズネット、東京新聞 TOKYO Web、SHIMADZU 尚古集成館、ほか

＊本書は、『暗黒の日本史』(小社刊/2006年)、『日本人が知らなかった歴史の黒幕』(同/2010年)、『日本史 暗黒のミステリー』(同/2012年)に新たな情報を加え、改題のうえ、再編集したものです。

青春文庫

暗黒《あんこく》の日本史《にほんし》

闇《やみ》に消《き》えた歴史《れきし》の真相《しんそう》

2016年1月25日　第2刷

編　者　歴史《れきし》の謎研究会《なぞけんきゅうかい》

発行者　小澤源太郎

責任編集　株式会社プライム涌光

発行所　株式会社青春出版社
〒162-0056　東京都新宿区若松町12-1
電話 03-3203-2850（編集部）
03-3207-1916（営業部）
振替番号　00190-7-98602
印刷／大日本印刷
製本／ナショナル製本
ISBN 978-4-413-09634-8

ほんとうのあなたに出逢う◆青春文庫

驚きと発見の雑学帳
こんな「違い」があったのか!!

例えば、痩せたい時は「糖質ゼロ」?「カロリーゼロ」?

社長とCEO、和牛と国産牛…など、よく似ているけどビミョーに差があるアレとコレの違いを徹底解明!

話題の達人倶楽部［編］

（SE-624）

180°気持ちが変わる「ポジ語」図鑑

「現実逃避しがち」→「気分転換がうまい」など、一発変換! ネガティブ感情から一瞬でぬけだす、すぐに使えるフレーズ集

話題の達人倶楽部［編］

（SE-625）

その英語ネイティブはハラハラします

日米ネイティブ・セイン先生による「日本人のキケンな英語」クリニック

デイビッド・セイン

（SE-626）

これを大和言葉で言えますか? ［男と女編］

和の言い方なら、こんなに美しい

この世に男と女がいる限り、そこには恋が生まれ…古人が今に残してくれた、男と女の大和言葉696語を厳選!

知的生活研究所

（SE-627）

カーネギー、松下幸之助、ウォルト・ディズニー……

奇跡をつかんだ失敗の顛末

失意のどん底で彼らは何を考え、どう過ごし、いかに復活を遂げたのか。ドラマの裏側に迫る！

ライフ・リサーチ・プロジェクト［編］

(SE-628)

大切なモノだけと暮らしなさい

持つ・収める・手放すルール

処分するかどうか悩んだら、「いま、大切にできているか？」と考えてみましょう。片づけのプロが教える、心地よい生活

吉島智美

(SE-629)

その英語、ネイティブには失礼です

上から目線、皮肉屋、キレてると思われる…「誤解される英語」を、効果バツグンの英語とセットで紹介。

デイビッド・セイン

(SE-630)

今夜、肌のためにすべきこと

素肌がよみがえるシンプル・スキンケア

今夜、帰宅して、あなたは肌のためにどんなケアをしますか？　皮膚科医が明日のキレイをつくる方法をとことん伝授

吉木伸子

(SE-631)

ほんとうのあなたに出逢う ◆ 青春文庫

真田丸の顚末 信繁の武士道

徳川家康に一度は切腹を覚悟させた
「日本一《ひのもといち》の兵《つわもの》」の戦いぶりとその生き様とは！

中江克己

(SE-632)

リバウンドしない収納の魔法

テレビや雑誌、セミナーなどで活躍中の
収納王子が実践している片づけノウハウ。
たった3ステップでみるみるキレイに！

収納王子コジマジック

(SE-633)

闇に消えた歴史の真相 暗黒の日本史

そのとき、何が起きたのか？
本能寺の変、坂本龍馬暗殺…
「もうひとつの歴史」が明らかに！

歴史の謎研究会［編］

(SE-634)

虫じゃないのになぜ「蛙《かえる》」は虫へん？

日本人なのに答えられない漢字の謎

木を囲むと、なぜ「困」る？
「越（える）」「超（える）」の使い分けは？
イラストでわかる漢字の「へえ〜」がいっぱい！

日本語研究会［編］

(SE-635)